Lluvias de Bendición

Recibe Tu Bendición

Lluvias de Bendición

Susana Pineda Palacio

BARKERBOOKS

LLUVIAS DE BENDICIÓN

Derechos Reservados. © 2023, SUSANA PINEDA PALACIO

Edición: Alexis González | BARKER BOOKS®
Diseño de Interiores: Gustavo Novas | BARKER BOOKS®
Diseño de Portada y portadillas internas: Valeria Sarria
Foto de portada de Damian Dominguez (www.unsplash.com)
Imágenes de interior: Aaron Burden, Hannah Busing, Ricardo Cruz, AARN GIRI, Martino Pietropoli, Yana Hurska y Vladimir Anikeev, fuente: Unsplash

Primera edición. Publicado por BARKER BOOKS®

I.S.B.N. Paperback | 979-8-89204-406-6
I.S.B.N. Hardback | 979-8-89204-407-3
I.S.B.N. eBook | 979-8-89204-405-9

Derechos de Autor - Número de control Library of Congress: 1-13236015371

Todos los derechos reservados. No se permite la reproducción total o parcial de este libro, ni su incorporación a un sistema informático, ni su transmisión en cualquier forma o por cualquier medio, ya sea electrónico, mecánico, fotocopia, grabación u otros, sin autorización expresa y por escrito del autor. En caso de requerir o solicitar permiso del autor, envía un email a la casa editorial o escribe a la dirección abajo con el motivo "Atención: Coordinación de Solicitud de Permiso". La información, la opinión, el análisis y el contenido de esta publicación es responsabilidad de los autores que la signan y no necesariamente representan el punto de vista de BARKER BOOKS®, sus socios, asociados y equipo en general.

BARKER BOOKS® es una marca registrada propiedad de Barker Publishing, LLC.

Barker Publishing, LLC
500 Broadway 218, Santa Monica, CA 90401
https://barkerbooks.com
publishing@barkerbooks.com

ÍNDICE

Salvación, un nuevo pacto
de gozo y paz
CAPÍTULO 1   13

Identidad y pertenencia
CAPÍTULO 2   31

Protección, seguridad
y fortaleza
CAPÍTULO 3   55

Liberación
CAPÍTULO 4   77

Propósito y guianza
CAPÍTULO 5   93

Provisión sobrenatural,
prosperidad y exaltación
CAPÍTULO 6   117

Presencia
CAPÍTULO 7   137

AGRADECIMIENTOS

A mis hijos Carolina, Paulo, Germán y Katia, junto con mis nietos, Valeria, Juan Miguel y Vittoria.

A mi madre Rosalba, mis hermanos y a mis pastores, por su cariño y apoyo.

Especialmente a la memoria de mi papi Audberto Pineda Sanclemente, quien ya partió a su morada eterna, porque estoy segura de que serías mi primer lector. Gracias por llenarme de besos y de amor el corazón. Siempre te amaré.

*Le doy toda la gloria y honra a mi fiel Señor Jesucristo, por este, **SU** proyecto. ¡Tengo mi corazón eternamente agradecido por creer en mí y darme la oportunidad de vivir una vida con propósito eterno!*

INTRODUCCION

Estamos viviendo en una generación muy compleja, llena de nuevos retos y situaciones difíciles que agobian los corazones del ser humano, al punto de saturar de temor y estrés a un gran porcentaje de la población mundial.

Tiempos atiborrados de preocupación por las enfermedades desconocidas, la inestabilidad económica mundial, las guerras y los rumores de guerras, la presión a que está sometida la sociedad por los medios de comunicación masivos; la desigualdad social, la violencia, generalizada y la competencia desmedida en todos los ámbitos de la existencia.

Vemos en la actualidad una gran incertidumbre debido a la pérdida de los valores fundamentales de la sociedad, generando un aumento en los índices de enfermedades mentales como depresión, ansiedad, ataques de pánico que degeneran en adicciones, violencia y suicidios, como mecanismos de escape a esta terrible realidad.

El contenido de este libro te llevará a ver la vida desde una nueva perspectiva, la perspectiva de un Dios de amor que fue capaz de darlo todo por ti, para regalarte paz, gozo y fortaleza, no solo para enfrentar tiempos como estos, sino para triunfar sobre toda circunstancia y salir victorioso y con grandes deseos de ser multiplicador de esta magnífica información.

Como cristianos tenemos un trabajo, no hablamos de uno donde hay que ir y cumplir con un horario sino uno en el que usamos nuestros dones para Dios, quien nos enseña a servir a la gente que tanto ama, su propósito es salvación y restauración; cada día con nuestra vida, con nuestras palabras y acciones debemos testificar de las bondades y bendiciones de nuestro dueño y Señor Jesucristo. Es por esta razón que en Junio de 2019 y antes de los recientes acontecimientos mundiales, me refiero a la pandemia Covid19, y a los rumores de guerra, el Señor Jesús empezó a preparar mi corazón para escribir este libro, una mañana en oración me pidió que iniciara este proyecto, incluso me dio el nombre, claramente, en mi corazón escuché la voz de Dios diciéndome, ahora escribirás un libro que lleva por título *Lluvias de bendición*, así que aunque no sabía como hacerlo, me puse en sus manos y recibí confirmación de mis pastores para cumplir con esta asignación para este momento de mi vida.

En obediencia y con la ayuda de Dios, empecé mi tarea y aquí está para ti, que estás leyéndolo hoy. No conozco tu situación, ni tu dolor o necesidad pero el Espíritu Santo lo sabe todo y te garantizo que si te abandonas en los brazos de mi amado Jesucristo, vas a recibir mucho más abundantemente de lo que pides, anhelas o necesitas en tu vida, mi oración es que la voluntad buena y perfecta de Dios te alcance, te sane, te transforme, te restaure y que este libro hable a tu corazón, llenándolo de luz, para que comprendas que la verdadera bendición es alcanzar la vida eterna junto a nuestro buen Dios y que toda la gloria sea para nuestro Señor Jesús, el único digno de alabanza y adoración.

La palabra de Dios es el mapa que debe guiar nuestra vida, las elecciones piadosas que hagamos cada día basados en esa instrucción divina, que es la biblia, nos garantizan un futuro maravilloso.

No hay labor sin fruto en el Reino de los cielos y las decisiones que tomamos en el Espíritu son inversiones a largo plazo que rendirán ganancias abundantes y eternas.

Que tu decisión sea siempre amar y conocer más profundamente al Señor Jesucristo! Para que recibas las lluvias de bendición que Dios ha preparado para ti!!

"Y estableceré con ellos pacto de paz, y quitaré de la tierra las fieras; y habitarán en el desierto con seguridad, y dormirán en los bosques. Y daré bendición a ellas y a los alrededores de mi collado, y haré descender la lluvia en su tiempo; lluvias de bendición serán. Y el árbol del campo dará su fruto, y la tierra dará su fruto, y estarán sobre su tierra con seguridad; y sabrán que yo soy Jehová, cuando rompa las coyundas de su yugo, y los libré de la mano de los que se sirven de ellos. No serán más por despojo de las naciones, ni las fieras de la tierra las devorarán; sino que habitarán con seguridad, y no habrá quién las espante. Y levantaré para ellos una planta de renombre, y no serán ya más consumidos de hambre en la tierra, ni ya más serán avergonzados por las naciones. Y sabrán que yo Jehová su Dios estoy con ellos, y ellos son mi pueblo, la casa de Israel, dice Jehová el Señor. Y vosotras, ovejas mías, ovejas de mi pasto, hombres sois, y yo vuestro Dios, dice Jehová el Señor."

Ezequiel 34:25-31 RVR1960

https://www.bible.com/149/ezk.34.25-31.rvr1960

Salvación, un nuevo pacto de gozo y paz

CAPÍTULO 1

> **"Y estableceré con ellos pacto de paz"** (Ezequiel 34:25ª, RV, 1960).

¿Qué es la salvación? La salvación de nuestra alma es la mayor bendición, el milagro más grande y el mejor regalo que un ser humano pueda recibir en toda su vida. No hay algo mayor. Es ese momento de luz que alumbra nuestro corazón y nos permite entender claramente la necesidad de mirar al cielo en busca de nuestro Creador para clamar a Él por redención. Es un instante donde el Espíritu Santo de Dios ilumina nuestro entendimiento y nos revela nuestra humanidad malvada y perdida. Es donde lo reconocemos sin importar la gravedad de nuestros pecados.

Salvación es el momento en que entendemos que no hemos vivido una vida que le agrada a Dios, no importa si solo hemos sido orgullosos o tal vez mentirosos, o hemos cometido el peor de los crímenes. Lo cierto es que no le dimos el primer lugar a Jesús en nuestro corazón, y ese es el más grave pecado que un ser humano puede cometer, pues ese hecho nos condena eternamente, apartándonos de la gloria de Dios y de su gran misericordia.

"Porque de tal manera amó Dios al mundo, que ha dado a su hijo unigénito, para que todo aquel que en él cree, no se pierda, mas tenga vida eterna. Porque no envió Dios a su hijo al mundo para condenar al mundo, sino para que el mundo sea salvo por él. El que en él cree, no es condenado; pero el que no cree, ya ha sido condenado, porque no ha creído en el nombre del unigénito hijo de Dios" (S. Juan 3:16-18, RV, 1960).

La redención es el producto de un momento de humildad, donde toda nuestra autosuficiencia y orgullo desaparecen para darle paso al arrepentimiento y a la apertura del corazón al Salvador de nuestras almas, entregándole toda nuestra carga de pecados y recibiendo por su gracia —favor no merecido— el perdón de ellos.

El regalo de la salvación es un pacto de paz que nació en el corazón del Padre eterno cuando decide enviar a su hijo Jesucristo a morir en una cruz para el rescate del ser humano, quien se había apartado de Él a causa del pecado; y allí, el Señor derramando todo su amor por la humanidad en una cruz, nos da la oportunidad de ser salvos con solo aceptar ese sacrificio y a su sacrificado: ¡Jesús!

"Que si confiesas con tu boca que Jesús es el Señor y si crees en tu corazón que Dios lo levantó de entre los muertos, serás salvo. Porque con el corazón se cree para justicia, y con la boca se hace confesión para salvación" (Romanos 10:9-10, RVA, 2015).

Así que todo ser humano está a una oración de distancia del milagro más grande: su salvación.

Al aceptar el sacrificio de Jesús en la cruz y confesar con nuestras palabras que Cristo murió y resucitó al tercer día, creyendo con nuestro corazón, dice la palabra que en ese mismo instante seremos salvos y nuestro nombre será escrito en el libro de la vida.

La Biblia nos habla en los cuatro evangelios: Mateo, Marcos, Lucas y Juan, de la misma manera en el capítulo 53 de Isaías y en Salmos 22, sobre la terrible crucifixión y muerte del hijo de Dios. Muchos hemos visto las películas que nos muestran con un fuerte realismo este triste episodio de la vida de Jesús, pero lo cierto es que probablemente ni tú ni yo lleguemos a saber la intensidad de su sufrimiento, no solo físico, sino también emocional.

Te pido, querido lector, que recuerdes ese momento en el que has cometido el peor error de tu vida, aquel que te trajo consecuencias devastadoras, culpa y condenación, del que te arrepentiste y deseaste que nunca hubiese acontecido. Ahora toma esa sensación y multiplícala por la humanidad entera. La Biblia dice que todo el peso del pecado cayó sobre Él, así que es imposible dimensionar tanto dolor y culpa sobre una sola persona. Nadie llegará jamás a conocer lo profundo y doloroso que fue el camino que Jesús tuvo que recorrer, ni la oscuridad que tuvo que pasar antes de poder hallar a esa oveja que se había perdido: ¡tú! Y por supuesto yo y todos los que hemos sido redimidos en su nombre.

Es Jesús quien nos compra, y el costo fue toda su sangre derramada en la cruz del Calvario, esa fue su manera de rescatarnos, pagando lo que nosotros merecíamos pagar. Por amor nos salvó del juicio que habría de venir sobre nosotros. Jesús ocupó un lugar en la cruz, que nos pertenecía a ti y a mí. A causa de nuestros pecados merecíamos el sufrimiento eterno, alejados de la presencia de Dios, en un paraje terrible llamado infierno.

¡Cómo no valorar su compasión y el gran amor con que nos amó y escogió!

"Fiel es esta palabra y digna de toda aceptación: que Cristo Jesús vino al mundo para salvar a los pecadores, de los cuales yo soy el primero" (1 Timoteo 1:15, RVA, 2015).

¿De qué fuimos salvados? De la condenación eterna, del infierno, la paga del pecado es muerte, pero Jesús, en su infinito amor por nosotros, decide pagar entregándose a sí mismo como rescate por nuestra maldad.

"De cierto, de cierto, les digo que el que oye mi palabra y cree al que me envió tiene vida eterna. El tal no viene a condenación, sino que ha pasado de muerte a vida" (Juan 5:24, RVA, 2015).

Jesús nos amó y pagó el precio de nuestra salvación, Él mismo entregó su vida por seres imperfectos y pecadores. Sí, querido lector, somos imperfectos, pero amados por un Dios perfecto, que no se resignó a vivir sin su creación, y estuvo dispuesto a entregarse en sacrificio para nuestra redención. ¿Por qué tiene valor? Porque es el mayor tesoro; viviremos una vida con la protección y compañía de nuestro todopoderoso Dios, quien nos llevará en paz a través de todas las circunstancias de nuestra vida sin excepción, en los valles del dolor o en las cimas de la victoria contaremos con su presencia, misericordia y guianza. Y cuando se llegue nuestra hora de morir, partiremos de nuestro cuerpo carnal y viviremos por la eternidad en el cielo, donde no habrá oscuridad, porque Él será nuestra luz, allí no habrá dolor ni enfermedad, porque a su lado hay plenitud de gozo y delicias a su diestra.

¿Podemos ganar la salvación por nuestros propios méritos y obras? No, de ninguna manera, no podemos trabajar por la salvación, no podemos ganarla ni pagarla porque es invaluable y aunque es un regalo para nosotros, no es gratis porque el precio fue toda la sangre del Señor Jesús en el madero.

"Pero Dios, quien es rico en misericordia, a causa de su gran amor con que nos amó, aun estando nosotros muertos en delitos, nos dio vida juntamente con Cristo. ¡Por gracia son salvos! Y juntamente con Cristo Jesús, nos resucitó y nos hizo sentar en los lugares celestiales para mostrar en las edades venideras las superabundantes riquezas de su gracia, por su bondad hacia nosotros en Cristo Jesús. Porque por gracia son salvos por medio de la fe; y esto no de ustedes, pues es don de Dios. No es por obras, para que nadie se gloríe" (Efesios 2:4-9, RVA, 2015).

Esta escritura deja claro que no es por lo buenos que seamos o por las obras que hagamos, solo Jesús nos puede dar el regalo de la salvación cuando lo aceptamos como nuestro redentor.

Hoy doy gracias a Dios por las peores situaciones de mi vida, porque fue en el momento de mayor oscuridad y dolor, donde sentí la gran necesidad de clamar al Señor.

Recuerdo a mediados de octubre del 2003 pedirle a mi Jesús que hiciera algo con mi vida. Fue una tarde llegando de visitar al médico, quien me acababa de dar una noticia terrible. Me encontraba enferma y con un diagnóstico de un tumor cerebral. Llevaba aproximadamente ocho meses presentando algunos síntomas que me obligaron a buscar ayuda médica. Luego de muchos exámenes, ese día recibí la fatal respuesta; al mismo tiempo, mi vida estaba llena de temores: me sentía muy cansada y sin esperanza, mi alma estaba agobiada y llena de tristeza, así que esa oscura tarde, de rodillas y en la sala de mi casa, lloré amargamente. Con todas mis fuerzas golpeé el piso con mi puño cerrado; puedo recordar claramente el momento, llena de angustia, miré al cielo y le pedí a Dios que me ayudara. En mi desesperanza se prendió una luz en mi interior y entendí que solo Dios podía hacer algo por mí.

La Palabra de Dios es real, cuando pienso en ese día, viene a mi mente la escritura en el libro de **Jeremías 33:3** que dice **"Clama a mí, y yo te responderé, y te enseñaré cosas grandes y ocultas que tú no conoces".**

Y como lo afirma Su palabra, si clamas a Dios con un corazón sincero y humilde, su respuesta a esa oración no se tarda.

Solo pasaron dos días cuando recibí una visita inesperada, mi amiga de infancia, Claudia, vino a visitarme. Me dijo que mi prima Laritssa la había llamado y le había pedido venir a verme, así que ella, como todo buen siervo de Dios, salió a mi rescate, y nuestro Señor Jesús la usó poderosamente. Hoy quiero agradecerles a ellas dos por seguir la instrucción que el Espíritu Santo les dio en ese momento, porque gracias a eso hoy mi corazón le pertenece a Jesús. En ese compartir hablamos mucho, le conté a ella lo que me estaba aconteciendo y sus palabras fueron sencillas, pero cargadas de la unción del Dios, me dijo: "Shanna (es mi sobrenombre desde niña), según lo que veo ya le has dado la oportunidad a muchas cosas en tu vida. Yo la verdad no puedo hacer nada por ti, pero conozco a alguien que sí puede", y acariciando mi brazo con mucha ternura añadió: "Dale una oportunidad a mi Jesús para que repare tu vida". Me enseñó esta escritura que está en la Biblia y me pidió que la declarara para mí: **"no moriré, sino que viviré y contaré las obras del SEÑOR"** (Salmos 118:17, RVA, 2015).

Después me invitó a la iglesia Segadores de Vida en Florida, en donde ella se congregaba y era líder; me ofreció compañía y así fue como el domingo siguiente asistí a la iglesia.

Ese día fue extraordinario, fue una experiencia espiritual. Hoy entiendo que ese era el día de mi salvación. El obispo de la congregación, Ruddy Gracia, fue usado de una manera sobrenatural. La presencia de Dios llenaba la iglesia de una forma que jamás había sentido en ningún otro lugar, con sus palabras tan acertadas para ese momento de mi vida, palabras de vida y esperanza a través del hombre de Dios, de ese magnífico lugar, palabras tan llenas de unción que no tuve duda alguna de que Jesús estaba en el asunto.

Ese día percibí el gran amor y misericordia con que Dios me llamó, pidiéndome que me entregara por completo a Él, y así sucedió; fue la vivencia más extraordinaria que haya tenido jamás. No puedo compararla con nada de lo que me ha sucedido, su amor invadió mi ser, el pastor oró por mí y Jesús no solo me sanó, sino que también me trajo a su reino, me dio propósito e hizo un pacto de paz conmigo.

Durante toda mi vida cristiana he hablado sobre lo que realmente pasó el día de mi salvación. El gran milagro no fue únicamente la sanidad física, creo que esa fue la excusa para acercarme a Él y aunque le doy gloria a Dios por la sanidad, no era el tumor en mi cerebro lo más grave que tenía, mi situación en este momento la puedo describir mejor como un tumor generalizado de amargura y tristeza, así que pude recibir en un instante la paz y el gozo de mi salvación.

El Señor hizo que la tristeza desapareciera en un instante y fuera transformada en una alegría interna que no podía explicar, cuando el pastor le pidió a nuestro Dios que me sanara de toda enfermedad, sentí que un enorme peso fue removido de mi espalda y experimenté esa gran llenura de paz acompañada por una alegría que jamás había sentido, aunque aparentemente mi situación no había cambiado y no sabía lo que físicamente había acontecido en mí, en ese momento me invadió una inmensa plenitud y felicidad, es algo que no creo poder explicar con exactitud, fue maravilloso y sobrenatural. Luego, con la instrucción de la Biblia, entendí que ese sentimiento interno lo llama la palabra "el gozo de la salvación".

Dos semanas después, el doctor, que me estaba preparando para una cirugía, me realizó nuevos exámenes con ese fin y me llamó a su consultorio una semana después, un poco confundido. Me pidió repetir los exámenes nuevamente porque según él había ocurrido un error y me volvió a llamar porque finalmente confirmó que no aparecía el tumor que antes estaba, así que me preguntó qué había hecho diferente en las anteriores semanas y posteriormente sus palabras fueron: "Susana, ¿crees en milagros? Porque esto es imposible en lo natural. Esto solo puede ser un milagro", así que le compartí acerca de mi nuevo nacimiento y de mi maravillosa y reciente experiencia con Dios, entonces me dijo: "Ve y cuéntalo en la iglesia donde oraron por ti". Fue así como me enteré de que en el día de mi salvación también había sido sanada de aquella enfermedad.

"Y la oración de fe salvará al enfermo, y el Señor lo levantará; y si hubiere cometido pecados, le serán perdonados" (Santiago 5:15, RV, 1960).

Su gracia y misericordia se posaron sobre mí sin yo merecerlo, han permanecido durante todos estos años, vino en ese momento a mi mente allí la oración que mi pastor hizo por mí, recordé sus palabras reprendiendo toda enfermedad y tristeza de mi vida, y de cómo yo le pedí a Dios de manera humilde y desesperada perdón por todos mis pecados y me entregué por completo a Él. Estoy totalmente persuadida de que esta ha sido la decisión más importante y acertada de toda mi existencia.

Fue en ese mismo instante en el que recibí la paz sobrenatural y el gozo que me han acompañado durante estos maravillosos veinte años, sin importar las circunstancias. Ese fue el día de mi nuevo nacimiento, el día en que Jesús hizo de mi corazón su lugar favorito, y su Espíritu Santo vino a alumbrar mi vida y a enseñarme su palabra para poder ver tiempos cargados de lluvias de bendición.

Así que hoy puedo testificar, querido lector, que fue por su inagotable gracia que sin merecerlo Jesucristo me salvó, me sanó y me dio su paz.

"Has cambiado mi lamento en baile; desataste mi cilicio, y me ceñiste de alegría" (Salmos 30:11, RV, 1960).

Para finalizar con este testimonio de mi salvación, puedo decirte que la palabra que recibí de mi amiga el día que me invitó a creer en Jesús de una manera diferente a la que hasta ese día había creído, se hizo realidad y por los siguientes años de mi vida. No morí y he vivido contando las maravillas del Señor y lo seguiré haciendo hasta que me encuentre con mi amado Jesús cuando parta de esta tierra, a mi morada eterna en el cielo en su amorosa presencia.

El gozo que llenó mi corazón ha permanecido como su palabra lo afirma, recibí de su mano la capacidad de permanecer en el gozo de mi salvación.

"Vosotros también, hijos de Sion, alegraos y gozaos en Jehová vuestro Dios; porque os ha dado la primera lluvia a su tiempo, y hará descender sobre vosotros lluvia temprana y tardía como al principio" (Joel 2:23, RV, 1960).

En mi caminar con el Señor Jesucristo, durante estos hermosos años, he aprendido a dar por gracia los regalos que de Jesús recibo, así que no podría finalizar este capítulo sin antes hacerte esta invitación: ¿quieres aceptar este regalo para tu vida?

Hace más de dos mil años, Jesús mismo en la cruz derramó su sangre por la humanidad y la invitación fue extendida para que todo aquel que quiera y acepte este sacrificio sea salvo y su deuda de pecado quede pagada por el sacrificio perfecto. Él, que nunca pecó pago por ti y por mí, si necesitas al salvador de tu alma y quieres un cambio de naturaleza en tu vida, que te lleve a vivir una vida diferente, la Biblia dice en el libro de Romanos:

"Mas ¿qué dice? Cerca de ti está la palabra, en tu boca y en tu corazón. Esta es la palabra de fe que predicamos: que si confesares con tu boca que Jesús es el Señor, y creyeres en tu corazón que Dios le levantó de los muertos, serás salvo. Porque con el corazón se cree para justicia, pero con la boca se confiesa para salvación" (Romanos 10:8-10, RV, 1960).

¡Así que hoy te estoy invitando a confesar con tu boca y a creer con tu corazón! Vamos, haz de esta tu oración, te garantizo que tu vida cambiará y jamás olvidarás este día porque será el momento más importante del resto de tu caminar por esta tierra.

SEÑOR JESÚS, TE PIDO PERDÓN POR TODOS MIS PECADOS Y TE PIDO QUE ME SALVES, TE INVITO A ENTRAR EN MI CORAZÓN, CREO EN TU MUERTE DE CRUZ Y EN TU RESURRECCIÓN AL TERCER DÍA.

SÉ MI DUEÑO Y SEÑOR, AYÚDAME A VIVIR UNA VIDA AGRADABLE A TI, YO QUIERO SER TU HIJO Y QUIERO CONOCERTE CADA DÍA MÁS, YO TE AMARÉ Y TE SERVIRÉ POR EL RESTO DE MI VIDA EN ESTA TIERRA, GRACIAS, MI DIOS, POR TU PERDÓN Y PORQUE AHORA SÉ QUE NUNCA ME DEJARÁS Y NUNCA ME ABANDONARÁS, SERÉ TUYO POR LA ETERNIDAD. AMÉN.

Si hiciste esta oración desde tu corazón, déjame decirte que la Biblia nos enseña que hay fiesta en los cielos en este momento a causa de tu decisión. Tu vida ha pasado del reino de las tinieblas al reino de la luz. Tu vida nunca más será igual. Puedes anotar esta fecha, ora (habla con Dios como lo haces con un amigo) y pídele que te muestre el lugar donde puedes aprender de Él, una iglesia cristiana local. Lee tu Biblia, es muy importante, crea una rutina diaria de al menos quince minutos, puedes empezar con el libro de San Juan, te lo sugiero porque es hermoso conocer al Padre y es una buena manera de empezar tu relación de amor con tu Señor; fue mi primer libro. El Espíritu Santo, que ahora vive en ti, te va a enseñar y sé que vas a disfrutar del viaje maravilloso que has emprendido junto a tu Salvador, que ahora está contigo en los tiempos buenos y en los de dificultad para darte guianza, fortaleza, paz y para llenar tu vida con lluvias de bendición y maravillosos proyectos que va a poner en ti.

Oro para que logres cumplir con el propósito, por el cual Él mismo te añadió a esta familia de la fe, declaro que serás establecido, afirmado y que jamás retrocedas en tu caminar con Jesús, declaro que todo lo que Dios ha planeado para tu vida se cumplirá en el poderoso nombre de Jesús de Nazaret, amén, amén y amén.

> "Jesús le dijo: Yo soy el camino, y la verdad, y la vida; nadie viene al Padre, sino por mí"
> (S. Juan 14:6, RV, 1960).

Identidad y pertenencia

CAPÍTULO 2

> "Y sabrán que yo, su Dios Jehová, soy con ellos, y ellos son mi pueblo, la casa de Israel, dice el Señor Jehová. Y vosotras, ovejas mías, ovejas de mi pasto, hombres sois, y yo vuestro Dios, dice el Señor Jehová" (Ezequiel 34:30-31, Reina Valera, 1960).

Cuando aceptamos a Cristo en nuestro corazón, nos convertimos en hijos de Dios y la revelación de quiénes somos en Cristo nos da una nueva perspectiva de la vida.

La Biblia dice **"mas a todos los que le recibieron, a los que creen en su nombre, les dio potestad de ser hechos hijos de Dios"** (S. Juan 1:12, RV, 1960).

"De modo que si alguno está en Cristo, nueva criatura es; las cosas viejas pasaron; he aquí todas son hechas nuevas" (2 Corintios 5:17, RV, 1960).

Con la llegada de Jesús a nuestra vida, recibimos una semilla que Dios siembra en nuestro corazón, la cual trae una nueva identidad y un nuevo destino. Así que podemos ser transformados por medio de su Espíritu Santo, Jesús hace todas las cosas nuevas en ti, esas cosas que nunca creímos poder cambiar o hacer, ahora las haremos sin dificultad por qué nuestra naturaleza interior ha cambiado. Sí, así que tenemos todo el potencial dentro de nosotros para ser todo lo que Dios desea que seamos.

Tenemos la ayuda del Espíritu Santo, pero la Biblia dice que somos nosotros quienes debemos despojarnos de nuestra pasada manera de vivir llenos de pecado, engaños y dolor, para darle paso a lo nuevo que Dios quiere hacer en nosotros. Esta es una decisión que Dios nos invita a tomar para llegar al lugar de bendición que tiene para nosotros. Hay una parte que hace Dios y es la ayuda que nos da a través de su Espíritu Santo y la otra parte que hacemos nosotros al obedecer la palabra de Dios, es por eso por lo que la Biblia nos llama colaboradores con Él. La decisión es nuestra y las consecuencias también.

"En cuanto a la pasada manera de vivir, despojaos del viejo hombre, que está viciado conforme a los deseos engañosos, y renovaos en el espíritu de vuestra mente, y vestíos del nuevo hombre, creado según Dios en la justicia y santidad de la verdad" (Efesios 4:22-24, RV, 1960).

"Sed, pues, imitadores de Dios como hijos amados. Y andad en amor, como también Cristo nos amó, y se entregó a sí mismo por nosotros, ofrenda y sacrificio a Dios en olor fragante. Pero fornicación y toda inmundicia, o avaricia, ni aun se nombre entre vosotros, como conviene a santos; ni palabras deshonestas, ni necedades, ni truhanerías, que no convienen, sino antes bien acciones de gracias. Porque sabéis esto, qué ningún fornicario, o inmundo, o avaro, qué es idólatra, tiene herencia en el reino de Cristo y de Dios. Nadie os engañe con palabras vanas, porque por estas cosas viene la ira de Dios sobre los hijos de desobediencia. No seáis, pues, partícipes con ellos. Porque en otro tiempo erais tinieblas, mas ahora sois luz en el Señor; andad como hijos de luz" (Efesios 5:1-8, RV, 1960).

¿Qué es la nueva naturaleza? No importa de dónde vienes o cuál haya sido tu pasado, si aceptaste a Cristo, has nacido de nuevo en la familia de Dios, que es experto en transformaciones y nuevas creaciones, Jesús ha preparado un destino cargado de bendición para ti, el cual ha depositado a través del Espíritu Santo que ahora vive en tu interior, el rey y creador del universo completará la obra que ha comenzado en ti. Eres su hijo amado, has sido perdonado y estás en la ruta de tu maravilloso destino, no solo en esta tierra sino por la eternidad.

Una vez somos salvos, debemos empezar a trabajar junto al Espíritu Santo que nos ayuda a crecer y a mantenernos en el camino, eso significa que debemos madurar en nuestra relación con Dios, como lo enseña las Sagradas Escrituras: **"no se conformen a este mundo; más bien, transfórmense por la renovación de su entendimiento de modo que comprueben cuál sea la voluntad de Dios, buena, agradable y perfecta"** (Romanos 12:2, RVA, 2015).

La Biblia nos enseña que debemos renovar nuestra mente, de tal manera que el mundo pueda ver cómo vamos cambiando y nuestra vida comience a mostrar la imagen de Jesús, quien vino a vivir en nosotros.

Eso significa que vamos en un proceso de crecimiento en nuestra vida, que va dándose en la medida en que tengamos comunión con el Espíritu Santo, quien permanentemente nos guía y enseña a ser obedientes a Dios y a su palabra. Somos hijos de Dios, capacitados para alcanzar todo nuestro potencial en la vida, no solo para nuestro beneficio, sino para poder ser usados por nuestro Padre Celestial en el establecimiento de su reino en esta tierra y así recibir toda la bendición que tiene preparada para nosotros.

Te preguntarás ¿qué es tener comunión con el Espíritu Santo? Qué bueno que lo haces: es establecer una relación íntima y personal con tu creador, que demandará de tu parte, tiempo para conocerlo a través de la oración y la lectura de las Sagradas Escrituras, así aprenderás a alabar a Dios desde lo más profundo de tu ser. Yo lo pongo de esta manera, cuando conocemos a alguien, empezamos a tener conversaciones; al pasar tiempo con esa persona y en la medida en que hablamos, se va ampliando el conocimiento que cada uno tiene del otro; cuanto más nos conocemos, más confianza hay y el amor va creciendo. Es algo similar, el Señor Jesús quiere que también nos reunamos con otros cristianos, es por eso por lo que debemos buscar una iglesia local de sana doctrina y así poder crecer en Él.

Hay un plan divino con un destino maravilloso escrito por nuestro amado Señor Jesucristo, que tiene tu nombre desde antes de la fundación del mundo.

"Antes que te formase en el vientre te conocí, y antes que nacieses te santifiqué, te di por profeta a las naciones" (Jeremías 1:5, RV, 1960).

No sé realmente cuál sea el concepto que tengas de ti mismo, pero sí te puedo compartir lo que yo pensaba de mí, la errada identidad que había recibido a causa de mis vivencias, heridas y rechazo: empiezo con decirte que en mi niñez fui muy feliz. Mis hermanos y yo nacimos en un hogar maravilloso con padres buenos y amorosos, tuvimos todo lo que necesita un niño para crecer saludable y feliz, comodidades y mucho amor gracias a mis padres Audberto y Rosalba, quienes se encargaron de educarnos en los buenos principios y la moral, aunque no eran muy religiosos, siempre nos inculcaron el amor por Dios. Mis padres siempre nos dieron mucho amor. Lamentablemente, siendo muy joven y por un embarazo no esperado, salí de mi casa; allí comenzó mi historia de dolor, decepción y traumas, que me llevaron a pensar de una manera errada.

Llegué a creer que había nacido para sufrir y todo lo que trataba de hacer o emprender no me resultaba bien, era insegura, pero escondía esa condición, siendo muy orgullosa. Tenía una profunda tristeza, pero me mostraba feliz delante de la gente, era la alegría de las fiestas, contaba chistes —para nada santos— y aparentaba siempre estar bien. Vivía con una máscara puesta, pero interiormente y en la soledad de mi habitación, la carga de amargura era demasiado grande y pesada; me sentía rechazada. Después de fracasar en mis relaciones amorosas, porque me casé por primera vez a la edad de dieciséis años con el deseo de tener un hogar para el bebé que ya estaba en mi vientre —mi hija

Carolina—, a esa edad y con la inmadurez de una niña, enfrenté la dura realidad de un matrimonio muy difícil lleno de tristeza, traiciones, maltrato físico y emocional, que por supuesto no duró mucho tiempo.

Posteriormente, me casé en varias oportunidades y de estas decisiones hechas en el desconocimiento de un Dios de pactos, lo que puedo rescatar es a mi hijo Germán, el orgullo y motor de mi vida junto a mi hija Carolina; las bendiciones más hermosas que Dios me regaló. A pesar de la búsqueda de amor, nunca conseguí sentirme realmente amada, creía que mi felicidad dependía de los demás, ponía mi confianza en todos y en todo, mis expectativas en la gente eran muy grandes y, por lo tanto, mis desilusiones eran proporcionales a esas expectativas; mi confianza y todo mi ser lo ponía en mano de personas, así que con el pasar de los años y con las decepciones, mi amargura creció al punto de que en un par de oportunidades consideré quitarme la vida. Gracias a Dios y al amor a mis hijos, busqué alternativas para calmar mi ansiedad, me refugié en cosas que yo sentía que me daban un alivio pasajero, cosas que aunque fueron en muchas ocasiones erradas, no fueron definitivas como la muerte, pero que al fin y al cabo nunca calmaron mi falta de paz interior.

Mi tanque emocional estaba repleto de tristeza y amargura, era demasiado pesado, sentía como si me aplastara y con regularidad caía en estados de profunda depresión. La primera vez fue a la edad de dieciocho años, después de una tremenda golpiza que me dejó sin sentido, propinada por mi primer esposo. Recuerdo el dolor no solo físico, sino también la devastación en mi alma. Algunas amigas del colegio que estaban conmigo ese día fueron testigos y le avisaron a mis padres; ellos por supuesto fueron a mi rescate. Fue así como salí de esa relación, gracias a la intervención de mi padre, que nunca estuvo de acuerdo con que yo me casara a tan temprana edad. Me llevaron de regreso a mi casa paterna y me pusieron en manos de un psiquiatra, ya que la depresión se apoderó de mí a tal punto que no quería levantarme de mi cama, solo lloraba y dormía. Fue así como, por una temporada de ocho meses, asistí a psicoterapias y tomé muchos antidepresivos, que de manera temporal me sacaron de la depresión en grado sumo en que había caído. Pero mi alma quedó enferma, así que en las relaciones siguientes cometí una y otra vez los mismos errores que solo produjeron un fracaso seguido de otro, comencé a necesitar del alcohol como un mecanismo de escape a todo aquel vacío que sentía en mi interior.

Las malas decisiones, tomadas sin conocimiento de Dios, destruyen al ser humano, creo que las personas que nacen en hogares cristianos, donde las Sagradas Escrituras son el manual que guía la familia, se pueden ahorrar muchos dolores y desaciertos.

El pecado trae consecuencias y dolor, mi primera relación empezó en fornicación, lo que más tarde me pasó la factura.

Tenía una nociva forma de pensar, no solo sobre mí, sino sobre los demás, eran tremendamente desconfiada, creía que todos estaban en contra mía o trataban de tomar ventaja de mí, así que siempre buscaba maneras de tener el control de las cosas, por lo tanto, me volví manipuladora y mentirosa para esconder la falta de seguridad que me acompañaba en todo momento.

No confiaba en mí, ni en mis decisiones, no me sentía capaz de nada, el temor se había apoderado de mis pensamientos, tenía una manera nociva de pensar acerca de todo, manejaba un errado concepto de superioridad con el que miraba a todos como si valieran menos que yo, algo que en realidad era el reflejo de mis propios complejos, ya que me sentía inferior e insegura, pero que usaba para que no se viera lo que en realidad había en mi alma.

Cuando el Señor Jesús llegó a mi vida, me rescató de mí misma y me enseñó mi verdadero valor al darme una nueva identidad. Aprendí a confiar solo en Él, a poner mis expectativas y esperanza solo en su amor. Fue así como aprendí a guardar mi corazón, empecé a amar de verdad y a valorar a los demás.

Hoy te puedo testificar que Dios ha creado para mí una vida maravillosa. También sé que nací para ser cabeza y no cola, eso significa que nací para triunfar. Sé que estoy en las manos del que ama mi alma y tengo claro que soy suya por la eternidad.

Él desea lo mejor para mí. Ahora soy una mujer feliz, libre de la depresión, con un corazón humilde y libre de orgullo; la mentira que complicaba mi vida, haciéndola una maraña, se apartó de mí. Hoy tengo paz en mi alma, unos hijos y nietos hermosos que aman a Dios. Mi vida cambió debido a su gracia y favor, soy una mujer segura y confiada, genuina porque tengo a mi lado al Rey del universo, quien me ha enseñado a vivir guiada por su Espíritu Santo, sabiendo que soy valiosa, amada, perdonada y realmente libre para vivir una vida agradable a Dios y con un maravilloso propósito.

Solo Dios puede revelarte lo qué hay en tu corazón. En la presencia del Señor Jesús vamos a ser transformados, Él es quien te enseña las cosas profundas que están en tu alma, las falencias, tus caminos de perversidad y aun las actitudes que te dañan, con el fin de que nosotros podamos rendirlas delante de Dios con humildad para que Él nos sane y transforme.

"Si decimos que no tenemos pecado, nos engañamos a nosotros mismos, y la verdad no está en nosotros. Si confesamos nuestros pecados, él es fiel y justo para perdonar nuestros pecados, y limpiarnos de toda maldad" (1 Juan 1:8-9, RV, 1960).

Dios me permitió verme tal cual era, abrió mis ojos y pude ver mi triste condición para así poder arrepentirme y entregarle mis cargas de pecado y dolor. Él me alcanzó, así sucia y herida como estaba, me sanó de mi nociva manera de pensar y de vivir, me llamó por mi nombre y me dio una nueva identidad, la que Dios mismo había preparado antes de la fundación del mundo para bendecir mi vida, aun sin merecerlo y solo por su infinita misericordia.

Hoy puedo contarte y también garantizarte que si le crees a nuestro amado Señor Jesús con todo tu corazón, Él también lo hará contigo.

"Pero Dios, que es rico en misericordia, por su gran amor con que nos amó, aun estando nosotros muertos en pecados, nos dio vida juntamente con Cristo (por gracia sois salvos), y juntamente con él nos resucitó, y asimismo

nos hizo sentar en los lugares celestiales con Cristo Jesús, para mostrar en los siglos venideros las abundantes riquezas de su gracia en su bondad para con nosotros en Cristo Jesús. Porque por gracia sois salvos por medio de la fe; y esto no de vosotros, pues es don de Dios; no por obras, para que nadie se gloríe. Porque somos hechura suya, creados en Cristo Jesús para buenas obras, las cuales Dios preparó de antemano para que anduviésemos en ellas" (Efesios 2:4-10, RV, 1960).

¡La gente veía en David a un pastorcito de ovejas, pero Dios veía a un rey! En nuestro corazón está todo lo que Dios quiere que seamos, así que si Dios es todo lo que tienes, Él es todo lo que necesitas.

Quiero compartir contigo la palabra que Dios habló a mi corazón cuando fui a mi primer Éxodo en la iglesia donde me congrego. Es un retiro de tres días en donde suceden cosas maravillosas y únicas, fue la primera noche, eran las 2 de la madrugada y en mi mente escuché una voz profunda que me despertó y que repetía "Isaías 54... Isaías 54" con mucha insistencia. En ese momento yo pensaba "no creo que ese libro tenga tantos capítulos", claro, yo no conocía la Biblia para ese entonces. Fue tanta la insistencia que me levanté, tomé la Biblia que había llevado al evento y salí de la cabaña, ya que estaba compartiéndola con varias compañeras del retiro y no quería despertarlas encendiendo la luz. Así que salí de la cabaña sin hacer ruido alguno, busqué una farola que había a la entrada y no fue fácil buscar la palabra en la Biblia. Era increíble la cantidad de insectos que volaban alrededor de la luz, con mis manos trataba de espantarlos, pero nada logró vencer la voz que dentro de mi corazón me impulsaba a leer lo que Dios me decía. Esta fue otra experiencia sobrenatural y poderosa, cuando encontré la palabra, fue como experimentar la presencia de mi Señor Jesús hablándome directamente, mis lágrimas salían sin control y recibí cada palabra y promesa que me han acompañado durante estos casi veinte años. Esta ha sido mi palabra: rema. Para aclarar, la palabra viene del griego *rhema* = enunciado, lo que es dicho, declaración, se refiere al hablar personal y para el momento de parte de Dios.

"Regocíjate, oh estéril, la que no daba a luz; levanta canción y da voces de júbilo, la que nunca estuvo de parto; porque más son los hijos de la desamparada que los de la casada, ha dicho Jehová. Ensancha el sitio de tu tienda, y las cortinas de tus habitaciones sean extendidas; no seas escasa; alarga tus cuerdas, y refuerza tus estacas. Porque te extenderás a la mano derecha y a la mano izquierda; y tu descendencia heredará naciones, y habitará las ciudades asoladas. No temas, pues no

serás confundida; y no te avergüences, porque no serás afrentada, sino que te olvidarás de la vergüenza de tu juventud, y de la afrenta de tu viudez no tendrás más memoria. Porque tu marido es tu Hacedor; Jehová de los ejércitos es su nombre; y tu Redentor, el Santo de Israel; Dios de toda la tierra será llamado. Porque como a mujer abandonada y triste de espíritu te llamó Jehová, y como a la esposa de la juventud que es repudiada, dijo el Dios tuyo: Por un breve momento te abandoné, pero te recogeré con grandes misericordias. Con un poco de ira escondí mi rostro de ti por un momento; pero con misericordia eterna tendré compasión de ti, dijo Jehová tu Redentor. Porque esto me será como en los días de Noé, cuando juré que nunca más las aguas de Noé pasarían sobre la tierra; así he jurado que no me enojaré contra ti, ni te reñiré. Porque los montes se moverán, y los collados temblarán, pero no se apartará de ti mi misericordia, ni el pacto de mi paz se quebrantará, dijo Jehová, el que tiene misericordia de ti. Pobrecita, fatigada con tempestad, sin consuelo; he aquí que yo cimentaré tus piedras sobre carbunclo, y sobre zafiros te fundaré. Tus ventanas pondré de piedras preciosas, tus puertas de piedras de carbunclo, y toda tu muralla de piedras preciosas. Y todos tus hijos serán enseñados por Jehová; y

se multiplicará la paz de tus hijos. Con justicia serás adornada; estarás lejos de opresión, porque no temerás, y de temor, porque no se acercará a ti. Si alguno conspirare contra ti, lo hará sin mí; el que contra ti conspirare, delante de ti caerá. He aquí que yo hice al herrero que sopla las ascuas en el fuego, y que saca la herramienta para su obra; y yo he creado al destruidor para destruir. Ninguna arma forjada contra ti prosperará, y condenarás toda lengua que se levante contra ti en juicio. Esta es la herencia de los siervos de Jehová, y su salvación de mí vendrá, dijo Jehová" (Isaías 54:1-17, RV, 1960).

Esta palabra ha sido el ancla que mi alma necesitaba, Dios se encargó de plantarla en lo más profundo de mi ser, es algo tan personal, que transformó mi interior con un toque y me dio la seguridad de ser amada y guardada por el Señor Jesucristo, mi esposo y hacedor; me dio el valor e identidad que no tenía.

Esta fue una palabra de sanidad que me ha permitido abandonarme en los brazos del Dios que nunca se enojará conmigo, que me guiará y protegerá de cualquier ataque del enemigo no solo a mí, sino a los míos. Me dio dirección, propósito, me hizo su sierva. ¡No tengo cómo pagarle su inconmensurable amor!

Hoy quiero darle gracias a Dios por su amor, y por haberme dado identidad, por haberme adoptado en su familia, hoy tengo claro que soy una nueva criatura, perdonada, amada y ungida, también sé que voy camino al cielo, no por quien soy, sino por quien es Él.

No permitas que el enemigo te manipule, es tu identidad una de las áreas más atacadas por el enemigo, es por esa razón que Jesús fue tentado en el desierto y lo primero que quiso atacar el diablo fue su identidad, cuando le dijo: "si tú eres Hijo de Dios", queriendo poner en duda que Él era el hijo de Dios.

"Y vino a él el tentador, y le dijo: Si eres Hijo de Dios, di que estas piedras se conviertan en pan. Él respondió y dijo: Escrito está: No sólo de pan vivirá el hombre, sino de toda palabra que sale de la boca de Dios. Entonces el diablo le llevó a la santa ciudad, y le puso sobre el pináculo del templo, y le dijo: Si eres Hijo de Dios, échate abajo; porque escrito está: A sus ángeles mandará acerca de ti, y, En sus manos te sostendrán, Para que no tropieces con tu pie en piedra" (S. Mateo 4:3-6, RV, 1960).

Así que si Jesús fue atacado en esta área en varias oportunidades por el enemigo, es seguro que nosotros lo seremos en algún punto de nuestra vida. Tenemos en la palabra de Dios la estrategia que

Jesús usó para anular los ataques a la identidad. Fue con la misma palabra de Dios que venció todas sus asechanzas.

La Biblia es un recurso maravilloso que Jesús mismo se ha encargado de dejar y sustentar en el tiempo para que los hijos de Dios podamos aprender a utilizarla como el arma poderosa que es, la bendita palabra de Dios tiene el poder para vencer cualquier ataque de las tinieblas. Por eso es importante que la conozcamos profundamente, para usarla declarando sobre nuestras vidas sus promesas y beneficios.

"Él es la imagen del Dios invisible, el primogénito de toda creación. Porque en él fueron creadas todas las cosas, las que hay en los cielos y las que hay en la tierra, visibles e invisibles; sean tronos, sean dominios, sean principados, sean potestades; todo fue creado por medio de él y para él. Y él es antes de todas las cosas, y todas las cosas en él subsisten" (Colosenses 1:15-17, RV, 1960).

Entender quiénes somos en Cristo, recibir la revelación de nuestro verdadero valor y saber la voluntad y el propósito de Dios para nuestras vidas a través de las escrituras, nos libra de las artimañas del diablo y nos permite caminar en victoria y recibir todas esas lluvias de bendición que Dios ha preparado para nosotros.

Miremos esta escritura, **Lucas 15: "también dijo: Un hombre tenía dos hijos; y el menor de ellos dijo a su padre: Padre, dame la parte de los bienes que me corresponde; y les repartió los bienes. No muchos días después, juntándolo todo el hijo menor, se fue lejos a una provincia apartada; y allí desperdició sus bienes viviendo perdidamente. Y cuando todo lo hubo malgastado, vino una gran hambre en aquella provincia, y comenzó a faltarle. Y fue y se arrimó a uno de los ciudadanos de aquella tierra, el cual le envió a su hacienda para que apacentase cerdos. Y deseaba llenar su vientre de las algarrobas que comían los cerdos, pero nadie le daba. Y volviendo en sí, dijo: ¡Cuántos jornaleros en casa de mi padre tienen abundancia de pan, y yo aquí perezco de hambre! Me levantaré e iré a mi padre, y le diré: Padre, he pecado contra el cielo y contra ti".**

El Hijo pródigo, aun estando en la pocilga de los cerdos, dijo: "en la casa de mi Padre"... Así que él siempre supo que era un hijo, y eso le permitió regresar a su padre. Si el enemigo lo hubiera convencido de lo contrario, él jamás se hubiera levantado a buscar la ayuda que necesitaba y probablemente ese habría sido su fin.

Es muy importante que recordemos que Dios es amor y está dispuesto y con sus brazos abiertos esperando que regreses a Él. No importa la condición o el pecado que hayas cometido, ¡Jesús siempre va a estar esperando por ti!

Cuando pensamos en nuestros hijos, no importa lo mal que se puedan comportar, nunca dejarán de ser tus hijos, recuerda que tu identidad nunca puede ser removida, sigues siendo hijo.

Puede ser también que aunque no dudamos de la paternidad de Dios, nos sentimos incapaces y dudamos de nuestras habilidades, y este es otro de los engaños en que podemos caer, recuerda siempre que Jesús depositó en ti una semilla de grandeza, y sin importar lo que tengas o no, el que empezó la obra en ti la va a llevar a su perfección.

Recuerda siempre que no es en tus fuerzas, sino por el Santo Espíritu de Dios que estás camino a la bendición.

"Entonces dijo Moisés a Jehová: ¡Ay, Señor! Nunca he sido hombre de fácil palabra, ni antes, ni desde que tú hablas a tu siervo; porque soy tardo en el habla y torpe de lengua. Y Jehová le respondió: ¿Quién dio la boca al hombre? ¿O quién hizo al mudo y al sordo, al que ve y al ciego? ¿No soy yo Jehová? (Éxodo 4:10-11, RV, 1960).

"Lo que tú no tengas, Yo te lo doy", ¡te dice el Señor! Nacimos para estar en las manos de Dios, quien tiene un plan perfecto con tu nombre, entre más rápido comprendas y le des cabida al plan de Dios en tu vida, más rápido verás la victoria.

Eres tan amado por nuestro Señor Jesucristo, que valiste toda su sangre, así que acepta esa identidad que solo Dios puede darte y verás su mano obrando a tu favor, en todas las áreas de tu vida, te lo puedo testificar, he visto su mano guiándome en todo tiempo y llevándome cada vez más y más a lugares que jamás pensé llegar. Dios no necesita personas habilidosas, ¡necesita corazones dispuestos!

Jamás pensé que podría escribir un libro y heme aquí haciéndolo por Él y para sus propósitos, no tengo las habilidades ni el conocimiento, pero sí mi corazón dispuesto a obedecer a Dios cuando me pide algo, sabiendo que si Jesús me da la visión, con ella también me llega la provisión.

No sé qué cosas hay en tu corazón, qué proyectos o anhelos tengas en tu vida o qué cosas Dios te ha mostrado. No te asustes con lo grande que pueda ser, pues para Él todo es posible, solo créele a su palabra y camina sabiendo quién eres y a quién perteneces, aunque tú no consideres que tienes lo necesario para llegar a tu destino en Dios, recuerda que a nuestro Señor no le faltan los recursos, Él es el dueño de toda la tierra y su plenitud.

El Señor mismo se fue a preparar un lugar especial para ti, te ama tanto que quiere compartir la eternidad contigo en su gloria, nunca pierdas de vista la eternidad porque será lo mejor que tendrás por siempre.

"En la casa de mi Padre muchas moradas hay; si así no fuera, yo os lo hubiera dicho; voy, pues, a preparar lugar para vosotros" (Juan 14:2, RV, 1960).

Es mi oración para ti, que el Espíritu Santo revele a tu corazón quién eres a los ojos de tu Padre Celestial y que ese entendimiento sane cualquier herida que desfiguró tu identidad en el pasado y empieces a caminar como un hijo o una hija del Rey de reyes y Señor de señores, con tu mirada puesta en Jesús el único capaz de llevarte a la plenitud en esta tierra, anhelando su venida de tal manera que llegues a disfrutar una eternidad junto a Él.

Oro para que creas cada palabra que Dios ha hablado sobre ti, recuerda que eres amado y perdonado, no eres un error, no estás aquí por casualidad, tienes un plan maestro elaborado desde antes que fueras creado, por tu maravilloso creador, con una gran lluvia de bendiciones, en el poderoso nombre de Jesús de Nazaret. Amén

"Ya no hay judío ni griego; no hay esclavo ni libre; no hay varón ni mujer; porque todos vosotros sois uno en Cristo Jesús. Y si vosotros sois de Cristo, ciertamente linaje de Abraham sois, y herederos según la promesa" (Gálatas 3:28-29, RV, 1960).

Protección, seguridad y fortaleza

CAPÍTULO 3

> "Y habitarán en el desierto con seguridad, y dormirán en los bosques. Y daré bendición a ellas y a los alrededores de mi collado, y haré descender la lluvia en su tiempo; lluvias de bendición serán" (Ezequiel 34:25-26, RV, 1960).

Con la salvación recibimos un paquete completo de promesas y bendiciones, y dentro de esos beneficios está la protección y seguridad de caminar bajo el cuidado del Creador del universo, quien no solo es el más grande, sino el más poderoso; nadie se compara a Jesús.

"Y él dijo: Antes bienaventurados los que oyen la palabra de Dios, y la guardan" (Lucas 11:28, RV, 1960).

Entonces, de acuerdo a la escritura, las bienaventuranzas provienen de Dios. Te pongo un ejemplo de una situación natural, piensa cuando obtienes la ciudadanía de un país, recibes un paquete de instrucciones donde te muestran no solo los beneficios que tienes, sino también te instruyen acerca de los deberes para con el país que te naturaliza.

Para ponerlo en lenguaje sencillo, todo reino, gobierno o país tiene una serie de privilegios que solo corresponden a sus ciudadanos; es muy importante que conozcas las leyes y su constitución para que puedas disfrutar de todos los privilegios, pero también las limitaciones, que te ayudan a evitar problemas. De la misma manera, cuando te conviertes a Jesús, recibes la ciudadanía de los cielos y con ella los beneficios y las obligaciones para con este reino que no es de este mundo, pero, al igual que aquí, tienes deberes y derechos.

"Él respondió y dijo: Escrito está: No sólo de pan vivirá el hombre, sino de toda palabra que sale de la boca de Dios" (Mateo 4:4, RV, 1960).

La palabra de Dios es el manual de instrucciones para los hijos de Dios y esta palabra es la que nos instruye en todo y para todo. Como líder de mi congregación, le digo a las mujeres a quienes Dios me ha permitido discipular que la Biblia representa los labios de nuestro Señor Jesús y que es a través de ella que conocemos y nos conectamos con su amoroso Espíritu Santo que nos da la revelación para entenderla.

Es por esa razón que debemos leer la Biblia. Si queremos caminar seguros en el reino, es imprescindible que dediquemos tiempo al estudio de las Sagradas Escrituras, así podremos decir que no solo la oímos, sino que también la guardamos y más aún la ponemos por obra en nuestras vidas, eso es lo que te hace bienaventurado.

Aquí te dejo el significado de bienaventurado:

Adjetivo. Que es afortunado y feliz: *bienaventurada tierra la que nos vio crecer.*

Adjetivo/nombre masculino y femenino [persona]. Que goza de la felicidad plena que es concedida por Dios (en el cristianismo): *bienaventurados los pacíficos, porque ellos serán llamados hijos de Dios.*

La bendición de la protección y seguridad que Dios nos regala cuando nos ponemos en sus manos, nos libra del temor y nos hace caminar en paz. Cuando aceptamos a Cristo como nuestro Señor y Salvador, se nos entrega una marca que dice "nueva creación", la cual nos permite acceder a todas las bendiciones de ser completamente amados, aceptados y perdonados por Dios.

En este tiempo que he estado escribiendo este libro, son muchas las cosas que me han acontecido y estoy convencida de que cada experiencia vivida con el Espíritu Santo tiene que ver con este proyecto y con lo que Jesús quiere que te comparta en este libro. Así que ahora quiero contarte una de ellas que me aconteció con la covid-19...

Hablando con una gran amiga de la infancia, Luz Miryam, que me llamó para saber cómo seguía y a quien le narré mis días con el covid-19, me dijo: "Susana, tienes que dar testimonio de lo que te ha acontecido, creo que muchas personas serían bendecidas con lo que me acabas de contar", así que de inmediato entendí que esta experiencia debía ser parte de este libro. Es mi oración que Dios llene de esperanza y luz tu corazón con lo que vas a leer, ¡en el poderoso nombre de Jesucristo!

Salí victoriosa de una batalla de seis semanas con covid-19. Me encontraron positiva el 8 de noviembre de 2020 y de inmediato me dieron las medicinas del protocolo médico que se utilizaban en esas primeras etapas de la pandemia aquí en EE. UU. Por espacio de dos semanas sentí toda clase de síntomas, con mucho malestar, pérdida del olfato y el gusto, dolor de cabeza, dolor en el cuerpo y un cansancio extremo que me fue debilitando cada día más.

Quiero aclararles que de mi grupo familiar fuimos siete personas contagiadas y gracias a Dios, alrededor de la segunda semana, con más o menos el mismo protocolo médico, todos los miembros de mi familia se fueron mejorando sin ninguna complicación, pero yo cada día me encontraba más débil y sentía como si mi vida se fuera apagando.

Al finalizar la segunda semana, la debilidad era tan grande que con gran dificultad me levantaba de la cama, no tenía deseos ni de hablar, no quería abrir mis ojos, así que llamamos a mi doctora y me pidió una placa de tórax, en la que descubrieron una neumonía bilateral que me envió de inmediato al hospital donde me internaron por una semana. Esto te sonará raro, pero fue una semana maravillosa, donde pude experimentar la protección y la seguridad de Dios de una manera muy especial. **"La paz os dejo, mi paz os doy; yo no os la doy como el mundo la da. No se turbe vuestro corazón, ni tenga miedo" (S. Juan 14:27, RV, 1960).**

Era la paz que es sobrenatural, de la que Cristo habló, esa que no procede del mundo, sino que viene de Él, la que a pesar de las circunstancias adversas invade tu corazón. Pues el covid-19 no solo afectó mis pulmones de forma bilateral, sino que tocó mi corazón y mi hígado en esa semana, y aunque todos los días escuchaba malas noticias cuando los doctores que estaban a cargo de la unidad pasaban por mi habitación, en mi alma siempre abundó la seguridad de saber que le pertenezco al Dador de la vida, al único que todo lo puede, al Creador del universo, al Dios sanador que un día hizo un gran milagro de sanidad para mí, aquel que me ama como nadie y que tiene mi vida en sus manos; ese entendimiento me llenó de fe y me dio la paz.

Le doy la gloria a Dios, pues he aprendido durante los últimos veinte años a confiar en Él y a obedecer su palabra que dice **"regocijaos en el Señor siempre. Otra vez digo: ¡Regocijaos! Vuestra gentileza sea conocida de todos los hombres. El Señor está cerca. Por nada estéis afanosos, sino sean conocidas vuestras peticiones delante de Dios en toda oración y ruego, con acción de gracias. Y la paz de Dios, que sobrepasa todo entendimiento, guardará vuestros corazones y vuestros pensamientos en Cristo Jesús"** (Filipenses 4:4-8, RV, 1960).

Cuando el Espíritu de Dios repite algo en la Biblia es porque quiere asegurarse de que lo hagamos, y aquí dijo que nos alegremos siempre. La escritura nos recuerda que Dios está con nosotros, cuidándonos, dándonos la protección y seguridad, la que necesitamos a cada paso del camino, así que no debemos estar preocupados por nada, y también nos muestra que Él escucha nuestras oraciones cuando lo hacemos con fe y agradecimiento por lo que aún no hemos recibido, porque Él quiere concedernos esas peticiones y de paso coronarnos con paz sobrenatural.

Qué poderosa escritura, ¿verdad? La más acertada para un momento como este. Dios me ha enseñado que la preocupación es una pérdida de tiempo y no resuelve nada, sino que, por el contrario, puede empeorar el momento; cuando una persona está enferma y se preocupa, su sistema inmunológico encargado de defender el cuerpo también se debilita, cosa que no ayuda a la recuperación del paciente.

Esta escritura me muestra que por nada en esta vida debo preocuparme. Mi consejo para ti es que obedezcas la palabra de Dios, porque hay gran bendición en ello, así que cada preocupación cámbiala por una oración y vas a ver cómo esa paz que Dios promete gobernará tu corazón.

Volviendo a mi relato, siempre supe que el Señor Jesús estaba conmigo. En la clínica no dejaron entrar a nadie a causa de la pandemia, así que las personas allí experimentaban una gran soledad, pero yo no me sentí sola en ese tiempo, pues tuve la experiencia espiritual más maravillosa que he tenido en los últimos tiempos; pude ver a los ángeles entrar y salir de mi cuarto y al Señor Jesús sentado a mi lado; me sentí cuidada personalmente por Él.

Cuando los doctores entraban, se asombraban de mi paz y tranquilidad. Aunque mis dos pulmones estaban afectados por la neumonía, en ningún momento me sentí ahogada ni ansiosa; eso solo lo puede hacer Dios. Y cuando el personal médico estaba junto a mi cama, asombrados de eso, yo aprovechaba el momento para orar por ellos y agradecerles su noble y valerosa labor. El Espíritu Santo se hacía presente y ellos sentían su presencia al punto de llenarse sus ojos de lágrimas; fue hermoso sentir su protección y respaldo en todo momento.

Sin embargo, también tuve momentos en que llegué a pensar que era tiempo de dejar mi cuerpo. Somos espíritus con alma viviendo en un cuerpo. En esos momentos le dije a mi Señor Jesús "Señor, estoy lista para partir, sabiendo que te tengo en mi corazón y que al estar ausente de este cuerpo estaré presente en ti, que no hay un lugar más alto, ni mejor que tu presencia, donde no hay dolor ni enfermedad, allí solo hay plenitud; si es tu voluntad, estoy lista".

No conozco tu circunstancia, si estás batallando con alguna enfermedad o quizá con cualquier otra situación que te agobia, te garantizo que si entregas a Jesús tu carga, Él cambiará todo y cada problema que tengas que enfrentar ya no lo harás solo en tus fuerzas, porque el Todopoderoso estará contigo y no te dejará ni te abandonará jamás, y tendrás la certeza que yo tengo hoy, que el día que parta de esta tierra estaré en su presencia por la eternidad.

"Conozco que tú eres poderoso", le dije al Señor, "y sé que eres el médico por excelencia, que tú quieres y puedes sanarme, así que te pido que tu voluntad se haga en mí y que tu nombre sea glorificado una vez más en mi vida. Así que hoy me abandonó en tus manos, ya sea que viva o muera, ¡tuya soy!".

Y aquí estoy contándote este testimonio, no solo sana, sino con mi fe mucho más fuerte, sabiendo que, como dijo el Señor, "aunque en el mundo tendremos muchas aflicciones, solo debemos confiar en Jesús, porque Él venció el mundo. Si Dios está con nosotros, ¿quién contra nosotros?

Espero, en mi Señor Jesucristo, que este libro levante tu fe de tal manera que no solo le entregues tus cargas, sino que vivas una vida plena y llena de paz, teniendo la certeza de contar con la protección y seguridad que solo Dios puede regalarte.

"Hizo salir a su pueblo como ovejas, Y los llevó por el desierto como un rebaño. Los guio con seguridad, de modo que no tuvieran temor; Y el mar cubrió a sus enemigos" (Salmos 78: 52-53, RV, 1960).

Cuando sabes que Dios está contigo y te libra de tus enemigos, verdaderamente sentimos descanso y una paz sobrenatural. Hay un salmo que a mis ojos realmente resume la bendición de la protección y seguridad que tenemos en el Señor, es el Salmo 91: **"el que habita al abrigo del Altísimo Morará bajo la sombra del Omnipotente. Diré yo a Jehová: Esperanza mía, y castillo mío; mi Dios, en quien confiaré. Él te librará del lazo del cazador, de la peste destructora. Con sus plumas te cubrirá, y debajo de sus alas estarás seguro; escudo y adarga es su verdad. No temerás** el terror nocturno, ni saeta que vuele de día, ni pestilencia que ande en oscuridad, ni mortandad que en medio del día destruya. Caerán a tu lado mil, y diez mil a tu diestra; mas a ti no llegará. Ciertamente con tus ojos mirarás y verás la recompensa de los impíos. Porque has puesto a Jehová, que es mi esperanza, al Altísimo por tu habitación, no te sobrevendrá mal, ni plaga tocará tu morada. Pues a sus ángeles mandará acerca de ti, que te guarden en todos tus caminos. En las manos te llevarán, para que tu pie no tropiece en piedra. Sobre el león y el áspid pisarás; hollarás al cachorro del león y al dragón. Por cuanto en mí ha puesto su amor, yo también lo libraré; le pondré en alto, por cuanto ha conocido mi nombre. Me invocará, y yo le responderé; con él estaré yo en la angustia; lo libraré y le glorificaré. Lo saciaré de larga vida, y le mostraré mi salvación" (Salmos 91:1-16, RV, 1960).

Aprendí que la protección divina es uno de los grandes privilegios que tenemos como hijos de Dios, pero es necesario que no olvidemos que estas promesas son para aquellos que hemos decidido habitar a su abrigo, para así poder morar bajo su cuidado.

La palabra nos enseña que Dios es nuestro refugio, eso nos habla de situaciones desesperadas, calamidades o eventos inesperados y de peligros que nos obligan a buscar un lugar para resguardarnos. Pienso en las personas que son evacuadas de sus casas por causa de algún huracán y son llevadas a los refugios para proteger sus vidas mientras pasa el peligro, eso lo veo cada año en la temporada de tormentas y huracanes en Florida; creo que de la misma manera el Señor es ese lugar de protección para nosotros en toda circunstancia adversa, ¡esa es tu promesa!

"Acerquémonos, pues, confiadamente al trono de la gracia, para alcanzar misericordia y hallar gracia para el oportuno socorro" (Hebreos 4:16, RV, 1960).

Al acercarte a Dios serás guardado de las trampas, las enfermedades y la palabra de verdad será tu escudo, porque cuando la palabra de Dios es declarada, milagros suceden.

Si pones a Dios por tu morada, el mal es alejado de tu vida, los ángeles te llevan y guardan tu camino para que no tropieces y Dios te da las habilidades y la autoridad espiritual para vencer cualquier obstáculo que se te presente en la vida. Estará Dios atento a tus oraciones para responderlas, y aun en medio de las situaciones de dificultad, Él promete librarte y bendecirte, porque tú eres su hijo y quiere para ti lo mejor en esta tierra, y cuando termine tu vida disfrutarás de la salvación por la eternidad.

¡Qué tremenda promesa! En innumerables ocasiones, durante el caminar de mi vida con el Señor, he visto una y otra vez cómo estas palabras se cumplen. Hoy recuerdo una ocasión en que injustamente fui acusada de robarle a una discípula con un problema migratorio que la obligó a dejar el país en un día. Ella es mi amiga Yoly, a quien Dios me permitió compartir acerca de la gracia y el amor de nuestro Señor Jesús.

Una mañana muy temprano, en el mismo momento en que llegaron los oficiales de inmigración a su casa, Yoly me llamó para que la acompañara, así que rápidamente atendí a su llamado para orar y estar con ella en este momento tan difícil que se le presentaba en presencia de los hombres que estaban allí. Cuando llegué, nos arrodillamos y le clamamos a Dios por su dirección y protección. Él, como siempre, no se hizo esperar y le concedió un favor y una gracia especial delante de esos oficiales, algo que me asombró. Fue tal la gracia sobre ella que los oficiales le aconsejaron qué hacer para salir sin tener que pisar una cárcel, y le permitieron hablar conmigo por teléfono para que yo fuera arreglando sus maletas mientras ellos la conducían al lugar donde le iban a tramitar todo el papeleo de salida del país.

Tal como ella me dio las indicaciones, yo pasé el día empacando en dos maletas lo que ella escogió llevar. Una vecina y "amiga" de ella fue a recoger al hijo de Yoly a la escuela y se quedó a cargo de las llaves de la casa y algunas cosas más. Esa misma noche fui a llevar las maletas al aeropuerto. Cuando ya ella salía para su país, recuerdo decirle "Yoly, no te preocupes, y recuerda siempre que en tu corazón llevas todo lo que necesitas para vivir y que nadie te lo puede quitar; su nombre es Jesús, no importa el lugar donde estés, Él estará contigo para bendecirte". ¡Ella nunca olvidó mis palabras! Tiempo después, ella envió a una persona desde su país a recoger lo que se le había quedado aquí, y para sorpresa de ella, muchas de sus pertenencias que aún estaban empacadas en sus cajas, cosas nuevas sin usar, recién adquiridas por ella, desaparecieron misteriosamente.

Luis, la persona que Yoly envió para recoger sus pertenencias, reclamó los faltantes a la vecina, quien falsamente me acusó con palabras tan contundentes como "yo vi a Susana poner esas cosas en la bodega de su auto", así que Luis inmediatamente llamó a Yoly y le contó lo que su vecina había dicho. Ella conocía mi carácter de mujer cristiana, ya que Dios me había permitido no solo ganármela para Cristo, sino también ser su amiga y líder por un tiempo. Entonces ella le dijo a Luis que eso que decía la vecina no podía ser cierto.

Días después, una tarde que Luis iba llegando a la casa de la vecina en ausencia de ella, se puso a hablar con el hijo de la señora y le comentó de unos zapatos que Yoly le había comprado a su hijo, los cuales no aparecían en el apartamento. En ese momento, inocentemente, el chico dijo "Mi mamá guardó todas las cosas del apartamento de Yoly aquí", conduciéndolo a una habitación de su propia casa, donde no solo estaban los zapatos, sino todo lo que yo supuestamente había "robado". Así que cuando la vecina llegó a su casa fue confrontada por él.

De esta manera, aunque me causó tristeza y enojo, nunca hice nada para defenderme, simplemente me arrodillé y le clamé al que me protege y defiende: "Señor Jesús, limpia mi nombre". Esta fue mi oración y como siempre, ¡Él lo hizo!

La vecina no pudo justificar cómo todo lo que ella había dicho que yo había robado estaba ahí mismo en una habitación de su propia casa; su mentira se derrumbó delante de sus ojos y claramente todos supieron la verdad del asunto.

"¿Y acaso Dios no hará justicia a sus escogidos, que claman a él día y noche? ¿Se tardará en responderles?" (S. Lucas 18:7, RV, 1960).

No importa cuántos te ataquen o cuántos se levanten contra ti, no debes temer porque tu protección y seguridad están en manos de nuestro Dios.

Recuerda mi palabra "rema" en **Isaías 54, versículo 17: "Ninguna arma forjada contra ti prosperará, y condenarás toda lengua que se levante contra ti en juicio. Esta es la herencia de los siervos de Jehová, y su salvación de mí vendrá, dijo Jehová".**

Dios es maravilloso y a cada uno de sus hijos nos regala promesas que nos acompañan durante nuestro caminar en la tierra, promesas maravillosas que están en las Sagradas Escrituras; como sierva del Señor, cuento con esa promesa que no solo la vi hacerse tangible en esa ocasión, sino que en múltiples ocasiones delante de mis ojos se ha hecho real.

Lo más hermoso es saber que esa protección se extiende a los tuyos. Quiero contarte que mi hijo es un marine de un grupo especializado en combate de las Fuerzas Militares de EE. UU.

Mi hijo salió para una misión rumbo a Afganistán en julio de 2019 y en esa misma semana, el 7 de julio, en la iglesia recibí una palabra de Dios a través de nuestro obispo Ruddy. Recuerdo el nombre de la prédica "el monte de la provisión", claramente recibí de parte de Dios la promesa de que el ángel de Jehová protegería a mi hijo. Mi pastor dijo que antes de tocar a mi hijo, Satanás le tenía que abrir las manos a Jehová... porque mi hijo estaba en sus manos. Esa palabra me dio la paz y la certeza de su protección.

Mi hijo estuvo seguro en el Señor en todo el tiempo de su estadía en Afganistán y aun en su regreso a casa. Esa palabra me mantuvo confiada y con mucha paz, incluso en medio de noticias de ataques y combates, compañeros que no regresaron. Durante catorce meses, el conocer la fidelidad de mi Señor y su palabra me permitieron alabarlo y creer sin dudar por esa promesa. Mi hijo regresó a casa sano y protegido por mi Señor Jesús.

Aparte de todos los ataques y bombardeos constantes durante su misión en Afganistán, en diciembre 11 del 2019, fueron atacados por los talibanes con uno de los carros bomba más grandes que se han visto en la región y posiblemente en la guerra contra el terrorismo. Un camión de basura cargado con 22,500 libras de explosivos penetró la pared de concreto de seguridad a 50 metros de su dormitorio, hubo caos en las primeras horas de la mañana. La explosión tuvo un radio de efecto de 6 millas náuticas, causando mucha destrucción; sin embargo, milagrosamente no hubo muertos de su unidad ni heridos de gravedad, lo cual es muy raro en una explosión de esa magnitud, que aun causó la caída de los techos de los edificios al interior de la base. Después de la explosión entraron más talibanes a través de la pared derrumbada, todos ellos vestidos con trajes suicidas y armados, queriendo causar el mayor daño posible. Fueron trece largas horas de combate que, sin lugar a duda, manifestaron el gran poder de protección y seguridad que nos otorga nuestro Dios. Su promesa de protección para mi hijo se cumplió al guardarlo a él y a su equipo mientras victoriosamente derrotaron a todos sus enemigos.

"Jehová es mi luz y mi salvación; ¿de quién temeré? Jehová es la fortaleza de mi vida; ¿de quién he de atemorizarme? Cuando se juntaron contra mí los malignos, mis angustiadores y mis enemigos, Para comer mis carnes, ellos tropezaron y cayeron. Aunque un ejército acampe contra mí, No temerá mi corazón; Aunque contra mí se levante guerra, Yo estaré confiado" (Salmos 27:1-3, RV, 1960).

Asimismo, en otra ocasión, viniendo tarde de regreso a la base, el vehículo en el que Germán y sus compañeros venían pasó sobre una bomba que estaba oculta en la carretera, pero sin que esta explotara. A la mañana siguiente encontraron la bomba, pero no la explicación de por qué no explotó. Mi hijo y yo sabemos que fue el Señor y su palabra de protección y seguridad que se cumplió una vez más.

Aunque el mundo no lo entiende ni lo reconoce, nosotros como hijos de Dios caminamos en milagros como estos para que su poder sea glorificado por nuestros testimonios, de tal manera que el mundo crea en su incomparable protección, favor y poder.

"Jehová es mi roca y mi fortaleza, y mi libertador; Dios mío, fortaleza mía, en él confiaré; Mi escudo, y el fuerte de mi salvación, mi alto refugio; Salvador mío; de violencia me libraste. Invocaré a Jehová, quien es digno de ser alabado, Y seré salvo de mis enemigos" (2 Samuel 22:2-4, RV, 1960).

Estos son algunos de los muchos testimonios que te puedo contar, querido lector. Los comparto para que entiendas que hay un lugar de refugio y protección en tus momentos de peligro, y ese es nuestro Señor Jesucristo. Son innumerables los momentos en que he visto su protección y cuidados, no me cabe la menor duda de que estoy en sus manos y que puedo vivir con la seguridad que solo el Creador del universo me puede brindar. No hay nadie más poderoso ni más grande que Dios.

Cada batalla enfrentada en mi vida ha servido para ver la manifestación del poder y la gloria de Dios, de tal manera que he aprendido, durante estos maravillosos años de vida en Cristo, a darle gracias al Señor, aun en medio de la aflicción, porque la fortaleza que he recibido ha sido un tremendo testimonio a través del cual muchas personas han sido tocadas y han venido a conocer el gran amor y la misericordia de nuestro poderoso Dios. Esta es otra de sus hermosas promesas, disponibles para los que hemos decidido confiar en Jesús.

Oro para que tu corazón permanezca en la preciosa paz de Dios, y que cada día de tu vida tus pasos se afirmen y se establezcan en cada una de sus verdades, para que puedas recibir toda su lluvia de protección. Le pido a mi Padre Celestial que sin importar la situación por la que estés cruzando hoy, tengas la certeza de su cuidado, de su amor inamovible y de su poder absoluto, de tal manera que por medio de la fe y la paciencia, alcances todas las promesas del Creador para tu vida. En el nombre poderoso de Jesús de Nazaret, amén.

> "Entonces nacerá tu luz como el alba, y tu salvación se dejará ver pronto; e irá tu justicia delante de ti, y la gloria de Jehová será tu retaguardia" (Isaías 58:8, RV, 1960).

Liberación

CAPÍTULO 4

> "Y sabrán que yo soy Jehová, cuando rompa las coyundas de su yugo, y los libre de mano de los que se sirven de ellos" (Ezequiel 34:27b, RV, 1960).

En nuestras vidas cruzamos por diversas situaciones que van forjando el carácter y manera de ver y responder a las circunstancias que se nos presentan en el camino. En el alma está el depósito de las emociones, vivencias y sentimientos; muchas de estas situaciones no son agradables y es precisamente la forma en que reaccionamos a estas experiencias lo que abre las puertas al mundo espiritual y al enemigo de nuestra alma, quien se aprovecha de esas emociones sin control para destruirnos la vida.

Estos veinte años de ministerio los he compartido con una gran cantidad de mujeres que han pasado por el grupo de oración que tengo el privilegio de dirigir; muchas de ellas con historias de abuso, maltrato, abandono, traición, enfermedades y dolor en diferentes etapas de su existencia. He podido observar que estas situaciones marcaron sus vidas a tal punto que las estaba conduciendo a la destrucción total. Le doy la gloria a nuestro Dios, que también me dio la oportunidad de ver el proceso de sanidad y liberación que el Señor realizó en muchas de ellas cuando se dispusieron a creerle al Señor Jesús, quien es el único que verdaderamente puede hacernos libres.

Yo misma soy un testimonio de lo que Dios puede hacer en nosotros cuando realmente nos entregamos a su cuidado.

"Dijo entonces Jesús a los judíos que habían creído en él: Si vosotros permaneciereis en mi palabra, seréis verdaderamente mis discípulos; y conoceréis la verdad, y la verdad os hará libres. Le respondieron: Linaje de Abraham somos, y jamás hemos sido esclavos de nadie. ¿Cómo dices tú: Seréis libres? Jesús les respondió: De cierto, de cierto os digo, que todo aquel que hace pecado, esclavo es del pecado. Y el esclavo no queda en la casa para siempre; el hijo sí queda para siempre. Así que, si el Hijo os libertare, seréis verdaderamente libres" (Juan 8:31-36, RV, 1960).

Cuando **NO** tenemos una relación personal con el salvador de nuestras almas, estamos a la merced del enemigo y practicando el pecado, porque en el desconocimiento de la verdad del evangelio, actuamos en los instintos de la carne, así que muchas veces, y sin saber, pecamos contra Dios. El señor Jesús lo ratificó cuando dijo "MI PUEBLO PERECE POR FALTA DE CONOCIMIENTO". Esta ignorancia de la palabra de Dios hace que vayamos convirtiéndonos en una cueva de demonios y estos a la postre empiezan a influenciar nuestro comportamiento.

Debemos recordar que las Sagradas Escrituras son el manual de vida único y seguro, escrito por hombres bajo la inspiración del Espíritu Santo y sustentado por el mismo Dios. En la Biblia está la verdad y la sabiduría para instruirnos y guiarnos por el camino de bendición que Dios ha preparado para nosotros. Una de las grandes bendiciones que tenemos cuando recibimos al Señor Jesús en nuestros corazones es que pasamos de muerte a vida, y el Dios del cielo nos revela la estrategia a través de su palabra para ser libres de toda influencia demoníaca.

En la medida en que vamos conociendo a Dios a través de las Sagradas Escrituras, y teniendo intimidad con Él en la oración, nuestro interior va cambiando de adentro hacia afuera, y como resultado viene la libertad de la mentira que el mundo y la carne susurra a nuestros oídos en todo momento. Vivimos en un mundo impregnado de pecado, donde lo bueno parece malo y lo malo parece bueno. Cuando no tenemos una carta moral que rige nuestro caminar, podemos confundirnos y caer en los engaños del mundo.

¿Qué es ser engañado? Pues bien, es hacer creer a alguien que algo falso es verdadero; no es raro, de esto está lleno el mundo. Ahora bien, si tenemos el manual de la verdad en nuestras manos, podemos hacer uso de esta poderosa herramienta que nos permite filtrar todo lo que escuchamos y vemos a través de ella, y con la ayuda del Espíritu Santo podremos discernir fácilmente la verdad de todo asunto.

"Pero Dios nos las reveló a nosotros por el Espíritu; porque el Espíritu todo lo escudriña, aun lo profundo de Dios" (1 Corintios 2:10, RV, 1960).

"Porque el Señor es el Espíritu; y donde está el Espíritu del Señor, allí hay libertad" (2 Corintios 3:17, RV, 1960).

El enemigo es un experto en emplear nuestras acciones en la vida para destruirnos, las Sagradas Escrituras dicen que Satanás solo vino a matar, robar y destruir, y que está como ladrón rugiente buscando a quién devorar.

"Sed sobrios, y velad; porque vuestro adversario el diablo, como león rugiente, anda alrededor buscando a quien devorar" (1 Pedro 5:8, RV, 1960).

"El ladrón no viene, sino para hurtar y matar y destruir; yo he venido para que tengan vida, y para que la tengan en abundancia" (S. Juan 10:10, RV, 1960).

El pecado le da paso a espíritus para que hagan su obra de maldad, la buena noticia es que tenemos a un Dios lleno de misericordia y poder, que envió a su hijo a darnos una vida de abundancia y de bendición.

En muchas ocasiones el orgullo entenebrece el entendimiento de tal manera que aun sin la intervención del maligno, nosotros mismos podemos caer en el autoengaño.

"Si decimos que no tenemos pecado, nos engañamos a nosotros mismos, y la verdad no está en nosotros. Si confesamos nuestros pecados, él es fiel y justo para perdonar nuestros pecados, y limpiarnos de toda maldad" (1 Juan 1:8-10, RV, 1960).

El pecado nos ensucia y nos ata, pero si lo confesamos, el Señor Jesús no solo quiere, sino que tiene el poder para hacernos libres de toda atadura. No hay poder en el infierno que pueda enfrentar el poder de Dios, lo podemos ver en la historia del gadareno que nos relata la Biblia. Aunque este hombre estaba poseído por una legión de demonios —se dice que eran más o menos dos mil demonios—, ellos no pudieron impedir que aquel hombre se postrara delante de nuestro Señor Jesús y fuera libre de ellos.

"Vinieron al otro lado del mar, a la región de los gadarenos. Y cuando salió él de la barca, enseguida vino a su encuentro, de los sepulcros, un hombre con un espíritu inmundo, que tenía su morada en los sepulcros, y nadie podía atarle, ni aun con cadenas. Porque muchas veces había sido atado con grillos y cadenas, mas las cadenas habían sido hechas pedazos por él, y desmenuzados los grillos; y nadie le podía dominar. Y siempre, de día y de noche, andaba dando voces en los montes y en los sepulcros, e hiriéndose con piedras. Cuando vio, pues, a Jesús de lejos, corrió, y se arrodilló ante él" (S. Marcos 5:1-6, RV, 1960).

Eso me da a entender que cualquier persona que decida postrarse delante de Dios, no importa cuánta sea la oposición del enemigo en su vida, nada lo detiene, si es verdadera su intención de buscar la libertad.

La cautividad termina con una invitación de Dios. Jesús vino a darnos una buena vida, tenemos las promesas de Dios y su bendita palabra que nos instruye para entender que estamos en una guerra constante, donde la liberación empieza con una decisión de obedecer las instrucciones de Dios.

El pecado tiene que salir de nuestras vidas, y la santificación viene por el Espíritu de Dios, la decisión de obedecer a Dios te da el poder para dejar de hacer lo indebido y eliminar todas aquellas cosas donde el enemigo ya había ganado territorio en tu vida. Hay una parte que hace el Señor, esto no nos exonera de las decisiones que tenemos que tomar si verdaderamente queremos nuestra libertad; así que si estamos dispuestos y decididos debemos trabajar hasta alcanzarla.

Es importante que nos levantemos por encima de las fallas y fracasos porque tenemos promesas de levantamiento. No alimentes los fracasos del pasado; lo qué pasó, pasó y ya, es el enemigo quien quiere recordarte tu error y acusarte; no caigas en su juego.

Levántate si estás postrado por alguna experiencia, nadie te va a levantar. Si tú no quieres, nadie puede. De nuevo te digo: levántate, no te sometas a ninguna situación que no sea de bendición, no esperes que nadie lo haga por ti, ese trabajo es tuyo solamente y recuerda que cuentas con la ayuda del Señor Jesús.

Si conocemos y comprendemos la autoridad que Dios nos ha concedido, entonces podremos usarla, aun los discípulos de Jesús se asombraban cuando los demonios se sometían a Jesús. Si no ejercemos la autoridad, el enemigo hace lo que quiera, pero estamos llamados a reinar con Cristo. Jesús es más grande y Él está en nosotros, utiliza la autoridad en el espíritu para levantarte y reclama tu libertad; toda nuestra vida tienen que reflejar la total libertad en Cristo.

A Dios le plació darnos autoridad y ese fue su deseo desde la creación: **"entonces dijo Dios: Hagamos al hombre a nuestra imagen, conforme a nuestra semejanza; y señoree en los peces del mar, en las aves de los cielos, en las bestias, en toda la tierra, y en todo animal que se arrastra sobre la tierra. Y creó Dios al hombre a su imagen, a imagen de Dios lo creó; varón y hembra los creó"** (Génesis 1:26-27, RV, 1960).

Dios creó el universo y todo lo que contiene, y también al hombre, y le dio autoridad y dominio sobre todo; Dios tiene el control, y en su soberanía nos dio autoridad, para que la usemos.

No hay poder en la tierra que pueda cambiar la palabra de Dios. Estamos llamados a responder como individuos, y aun como Iglesia debemos declarar que la palabra de Dios es verdad, que tiene el poder para hacernos libres de todas las asechanzas del diablo, y con la autoridad que Dios nos ha concedido lograremos destruir el plan malévolo de Satanás en nuestra vida.

"Y les dijo: Yo veía a Satanás caer del cielo como un rayo. He aquí os doy potestad de hollar serpientes y escorpiones, y sobre toda fuerza del enemigo, y nada os dañará" (S. Lucas 10:18-19, RV, 1960).

Tenemos promesas de protección poderosas de las que ya hablamos en el capítulo anterior, si Dios contigo, ¿quién contra ti?

"Y yo también te digo, que tú eres Pedro, y sobre esta roca edificaré mi iglesia; y las puertas del Hades no prevalecerán contra ella. Y a ti te daré las llaves del reino de los cielos; y todo lo que atares en la tierra será atado en los cielos; y todo lo que desatares en la tierra será desatado en los cielos" (S. Mateo 16:18-19, RV, 1960).

Creemos en la soberanía de Dios, que es todopoderoso, sabemos que nada es imposible para Jesús, si Él es la cabeza y nosotros somos el cuerpo, entonces el mismo Espíritu que levantó a Jesús de los muertos, es el que vive en nuestro interior. Cuando aplicamos nuestra fe y la palabra que sale de la cabeza que es Jesucristo tenemos las llaves del reino, así podremos usar la autoridad y el poder para ser libres y hacer libres a muchos.

La autoridad que Dios nos delegó por su gracia no tiene que ver con que seamos perfectos, sino que nos la dio porque somos sus hijos y embajadores de su reino en esta tierra. ¿Cuáles son tus retos? Dios nos dio la posibilidad de emplear nuestras palabras para atar y desatar.

"De cierto os digo que todo lo que atéis en la tierra, será atado en el cielo; y todo lo que desatéis en la tierra, será desatado en el cielo" (Mateo 18:18, RV, 1960).

Así que podemos atar con nuestras palabras todo espíritu contrario al Espíritu de Dios que se haya levantado en contra de nosotros o de los nuestros y con la unción que viene del cielo, derrotarlo en lo espiritual, de tal manera que en lo natural veamos la manifestación tangible.

Nuestra guerra no es contra las personas, tenemos que entender que el mundo espiritual es más real y movido que lo que nuestros ojos pueden ver, no perdamos de vista que la autoridad que portamos es espiritual, pero tiene el poder de influir en lo natural, donde veremos esa manifestación.

Hay poder en lo que decimos y en la fe con que lo hablamos, esta es una gran bendición venida de lo alto para que podamos cumplir con nuestro llamado y bendecir a otros.

El reino es manifestado por nuestra lengua; si conocemos la verdad, entonces debemos caminar en ella y hablar lo que ella dice. Por más fuerte que sea la batalla y el enemigo quiera arrancarte del reino o alejarte de Dios, utiliza la sabiduría de Dios.

"Someteos, pues, a Dios; resistid al diablo, y huirá de vosotros" (Santiago 4:7, RV, 1960).

Toma autoridad en el Espíritu, este es un reino para violentos. Solo con una verdadera convicción y deseo, usando las armas de nuestra milicia espiritual, podemos sacar al diablo de donde quiera que se haya metido en nuestras vidas.

Como líder de la Iglesia he tenido la oportunidad de ver el poder de Dios en acción, cada retiro éxodo es una maravillosa oportunidad de ver enfermos, sanos, adictos libres de su atadura, corazones libres de amargura, he podido disfrutar de sonrisas desde un corazón sano y de igual manera he visto muchos enfermos del alma a causa de la falta de perdón, llegar de su éxodo libres y livianos, sin cargas ni dolor.

Quiero contarte, amigo lector, que no hay en el mundo un momento de mayor bendición que dar por gracia lo que un día se recibió. Mi propia sanidad tuvo sus inicios en un maravilloso fin de semana como estos, no hay forma que te encuentres con tu Señor Jesucristo y continúes de la misma manera; su sola presencia rompe el yugo y la maldición.

"Sanad enfermos, limpiad leprosos, resucitad muertos, echad fuera demonios; de gracia recibisteis, dad de gracia" (S. Mateo 10:8, RV, 1960).

Es mi oración que Dios revele las áreas de tu vida que necesitan liberación y sanidad, de tal manera que puedas tomar una decisión firme de recuperar tu libertad, que ya fue comprada hace más de dos mil años por nuestro Señor Jesús en la cruz del calvario.

Padre amado, dale a mi amigo lector la convicción y fuerza espiritual para que pelee sabiendo que en Cristo tiene la victoria, no solo para disfrutar de libertad, sanidad y restauración, sino que lo llenes de tu poderosa presencia y unción para que un día pueda dar por gracia lo que recibe hoy de ti. Mi Dios, fortalécelo y bendícelo.

Oro con la autoridad que tú me has dado en tu sacrificio y reprendo a Satanás en su vida. ¡Declaro que toda maquinación de las tinieblas ahora es derrotada en su vida en el poderoso nombre de Jesús de Nazaret! Guárdalo en libertad para que pueda caminar una vida buena a tu servicio, disfrutando cada día de la lluvia de bendiciones que tienes para él. Amén, amén y amén.

> "Así que, si el Hijo os libertare, seréis verdaderamente libres" (San Juan 8:36, RV, 1960).

Propósito y guianza

CAPÍTULO 5

> "Y el árbol del campo dará su fruto, y la tierra dará su fruto, y estarán sobre su tierra con seguridad; y sabrán que yo soy Jehová" (Ezequiel 34:27a, RV, 1960).

El gran amor de Dios nos alcanza y comienza una obra de excelencia en cada uno de nosotros, Jesucristo nos extiende un pacto de paz, nos da una nueva naturaleza, comienza un proceso de sanidad y restauración en nuestras vidas para que su carácter sea formado en nosotros y podamos vivir una vida de plenitud, pero claro, el propósito es que hagamos parte activa en el establecimiento de su reino de amor en esta tierra. Cada uno de nosotros, los hijos de Dios, somos llamados al ministerio. Dios mismo nos escogió, dotó, preparó y predestinó para cumplir con ese llamado.

"Porque somos hechura suya, creados en Cristo Jesús para buenas obras, las cuales Dios preparó de antemano para que anduviésemos en ellas" (Efesios 2:10, RV, 1960).

Jesús mismo nos dio el mayor ejemplo, con su vida y su ministerio, mientras camino por esta tierra.

"De la misma manera, el Hijo del Hombre no vino para ser servido, sino para servir y para dar su vida en rescate por muchos" (Mateo 20:28, RVA, 2015).

Estamos de camino al cielo a causa del servicio de Jesús al Padre, porque el Señor Jesucristo se tomó en serio su llamado y cumplió con su asignación en esta tierra, así que esa es la razón por la que hoy podemos decir que somos redimidos, perdonados y amados por Dios.

Su sacrificio, la sangre derramada en la cruz del calvario, su muerte y resurrección nos dieron libertad y salvación sin que nos costara nada, ¡fue su regalo de amor!

"Pero Dios, quien es rico en misericordia, a causa de su gran amor con que nos amó, aun estando nosotros muertos en delitos, nos dio vida juntamente con Cristo. ¡Por gracia son salvos! Y juntamente con Cristo Jesús, nos resucitó y nos hizo sentar en los lugares celestiales para mostrar en las edades venideras las superabundantes riquezas de su gracia, por su bondad hacia nosotros en Cristo Jesús. Porque por gracia son salvos por medio de la fe; y esto no de ustedes, pues es don de Dios. No es por obras, para que nadie se gloríe" (Efesios 2:4-9, RVA, 2015).

Servirle a Dios con nuestras vidas es un acto de amor y agradecimiento, no por lo que Él va a hacer, sino por lo que ya hizo. La mayor de las bendiciones en nuestra vida es que un Dios tan bueno y perfecto pusiera sus ojos en seres imperfectos como nosotros y decidiera usarnos en el establecimiento de su Reino en esta tierra.

Estamos llamados a servirle a Dios en el lugar que Él nos ha puesto, servirle en nuestra familia, en la iglesia, en el trabajo y en general en el entorno en el cual nos movemos. Nuestras vidas están diseñadas para darle gloria a Dios, en el lugar que Dios nos permita estar.

Me despierto una noche a la 1:20 a.m. con mi corazón acelerado a causa del sueño que estaba teniendo, yo estaba llegando un día domingo a mi iglesia. En el sueño, mi pastor pasa por mi lado y me dice: "Señora, se llegó la hora, pase al altar, Dios ha decidido hablar a través de usted en este día", aclaro, eso fue un sueño, mi corazón se aceleró y por mi mente se cruzaron muchas preguntas: "¿qué voy a hacer?, ¿de qué voy a hablar?, no tengo nada preparado...". Déjame decirte que fue la misma sensación que sentí cuando el Señor Jesucristo me pidió escribir este libro.

Pero dentro de mi corazón solo pensaba en una palabra: "SERVIR", Soy la sierva del Señor y al siervo se le pide y Él obedece...

No suelo cuestionar a Dios cuando me pide algo; para mi familia y los que me conocen saben que no soy una persona que madrugue o se levante en las noches, pero esta noche fue especial, quedé despierta y clara como si fuese el medio día, con tanto que hablar sobre el servicio a Dios, que de inmediato tomé mi iPad y empecé a escribir con el entendimiento de que eso fue una idea de Dios y quién era yo para cuestionarlo.

Así que decidí obedecer y dejarme usar por nuestro Señor Jesús. Supe claramente que escribiría sobre la bendición de nuestro propósito: SERVIRLE A DIOS

Sabemos que lo más importante para el ser humano en la vida es encontrar un propósito. Todas las personas, aun antes de conocer a Dios, buscamos algo en qué invertir nuestras vidas y todos nuestros esfuerzos.

Antes de conocer a Jesús como mi salvador, siempre sentí un vacío en mi interior que no lograba llenar; tenía muchas preguntas sin responder. ¿Por qué estoy aquí?, ¿para qué vine a este mundo?, ¿cuál es mi lugar? Tenía muchas dudas sobre cuál sería el rumbo de mi vida, vivía guiada por mis emociones. Siempre fui una persona apasionada y me entregaba a cada proyecto de mi vida, con mucha energía y con todo empeño, pero iba de una idea a otra, de una creencia a otra y continuaba sintiendo lo mismo, regresaba una y otra vez a las mismas preguntas sin respuestas.

A pesar de que yo misma decía ser una persona "espiritual", en mi ignorancia, por supuesto, porque todo lo que me sonaba bonito a paz, amor y armonía, me llamaba la atención, la realidad era que mi espíritu buscaba desesperadamente llenar un vacío en mi interior, ese vacío que, sin saberlo, Dios en su gran amor y misericordia creó dentro de mí para que un día fuese llenado únicamente con Jesús.

En esa búsqueda incansable de mi propósito y razón de vivir, caí en cosas como la meditación trascendental a la edad de quince años, a leer sobre culturas orientales y sus creencias, en fin, en la incansable búsqueda, llegué a muchas cosas que no solo aumentaron mis vacíos, sino que desagradaban a Dios, en ese momento pensaba que estaba bien lo que hacía porque no le causaba daño a nadie, pero más tarde en el estudio y entendimiento de la Biblia me di cuenta de que estaba desviada de la verdad del evangelio y las enseñanzas de nuestro Señor Jesús.

Creo que desde muy niña el Señor comenzó a tocar las puertas de mi corazón, mis padres Audberto y Rosalba, a pesar de no ser grandes conocedores de la palabra de Dios, siempre nos inculcaron la fe en Dios y los valores del buen vivir, inclusive curiosamente mis padres de manera muy acertada y aun sin saberlo me nombraron Susana, que en la Biblia significa "sierva de Jesús". La importancia de los nombres que portamos es algo que aprendí en mi caminar con Dios, el significado lo encontré un día estudiando mi Biblia en el libro de Lucas.

"Juana, mujer de Chuza, intendente de Herodes, y Susana, y otras muchas que le servían de sus bienes" (S. Lucas 8:3, RV, 1960).

En su deseo de educarnos correctamente, mis padres nos enviaron a colegios católicos, yo particularmente cantaba y tocaba la guitarra, desde los nueve años recuerdo cantarle al Señor Jesús con todo mi corazón, pertenecía a la estudiantina de mi colegio y siempre tocábamos en las misas a las que asistíamos semanalmente.

Hoy, con cincuenta y nueve años, comprendo que con Dios no hay coincidencias, que Él me llamó desde el vientre de mi madre y a temprana edad sentía el deseo de alabarle lamentablemente retrasé el atender su voz. Y fue a la edad de treinta y ocho cuando realmente acepté su llamado y abrí la puerta de mi corazón para que Jesús se entronará en él, solo hasta ese momento de mi vida entendí cuál era realmente mi lugar, y no solo llegué a entender, sino que además, aquel vacío que había en mi corazón se llenó permanentemente y encontré el ancla para mi alma, vi un rumbo definido no por emociones o por moda, sino por el Dios que me creó, y con claridad pude ver el diseño de Dios para mi vida.

Entendí que soy suya y que Jesús tiene un plan de bendición con una dirección segura y con un destino eterno y maravilloso para llegar a su presencia cuando parta de esta tierra.

Me dio dirección y sobre todo la paz de saber que es Él quien ordena y dirige mis pasos en esta tierra. Desde ese primer día, cuando acepté al Señor Jesucristo en mi corazón, puse la mano en el arado.

Toda aquella búsqueda espiritual que me hacía entrar en creencias equivocadas y que solo eran proyectos que me duraban pocos meses, cambió para convertirse en una vida firme, constante. De la misma manera apasionada como serví en todos esos proyectos que no lograron llenar mi vida, ni respondieron nunca mis preguntas, puse todo mi corazón y mi vida entera para hacer la voluntad de Dios.

No quiero decir con esto que sea perfecta, pero aun con mis imperfecciones estoy segura de que por su amor y gracia voy a amarle y servirle siempre hasta llegar a ver en la eternidad al que ama mi alma y me dio una verdadera razón de vivir.

Soy una fiel creyente que nuestra vida como hijos de Dios debe ser gastada sirviendo a Dios con todo nuestro potencial, cada don que Dios nos ha dado tiene un propósito de bendición que no es solo para nosotros o nuestro propio provecho, sino para bendecir a los demás.

"Hablo como humano, por vuestra humana debilidad; que así como para iniquidad presentasteis vuestros miembros para servir a la inmundicia y a la iniquidad, así ahora para santificación presentad vuestros miembros para servir a la justicia" (Romanos 6:19, RV, 1960).

Cuando llegamos al Señor, nuestra vida debe ser una ofrenda a Dios. Antes de conocerlo gastamos nuestro tiempo y nuestros recursos en tantas cosas que no le agradaban a Él, nuestros miembros se usaron para hacer cosas que aunque no todas fueron malas, ni representaron un pecado, las hicimos sin pensarlo.

Como lo dije anteriormente, siempre fui una persona apasionada en cada cosa que hacía y todo lo que me sonaba a espiritual, sin importar su procedencia, yo lo abrazaba y le dedicaba todo mi tiempo, esfuerzo y recursos, por ejemplo: el Feng Shui, me leí todos los libros que me hablaban de la vida, la canalización de energías de conocimiento del yo, pero no me atrevía a leer el verdadero manual de la vida, la bendita palabra de Dios: la Biblia.

Nuestro propósito es único e individual, no te compares con nadie, porque Dios te creó con unas características únicas. Eres una obra maestra, dotada con todo lo que necesitas para llegar a esa plenitud de tu propósito lleno de éxito en Cristo.

Cada uno de nosotros debemos exigirnos dar a luz las cosas que Dios nos ha llamado a hacer para su gloria, esas cosas para las cuales estamos capacitados por Él, las cuales Dios ha puesto en nuestro interior para hacer, cosas que van a causar una verdadera diferencia en este mundo. Por favor, no aceptes pasar por esta vida sin serle útil a Dios y a los demás. Quiero que sepas que no hay manera de servirle a Dios sin servir a la gente; el ejemplo lo dejó Jesús, el rey del universo, que sin reparo alguno se agachó, se arrodilló y lavó los pies de sus discípulos, enseñándonos que el servicio requiere humildad y sacrificio.

"Así que, después que les hubo lavado los pies, y tomado su ropa, volviéndose a sentar a la mesa, díjoles: ¿Sabéis lo que os he hecho?

Vosotros me llamáis, Maestro, y, Señor: y decís bien; porque lo soy. Pues si yo, el Señor y el Maestro, he lavado vuestros pies, vosotros también debéis lavar los pies los unos a los otros. 15 Porque ejemplo os he dado, para que como yo os he hecho, vosotros también hagáis" (Juan 13:12-15 RVR, 09).

No permitas que tu existencia en este mundo sea solo para recibir y no para dar, no seas egoísta, ni gastes tu vida solo en buscar lo tuyo, levántate cada día a ser una bendición para alguien más, créeme, no hay nada que traiga mayor felicidad y complacencia a tu propia vida.

Dios te ha dado talentos para que desarrolles y al caminar de esa manera la bendición y gracia sembrada en todos los que bendigas se multiplicará sobrenaturalmente en tu vida, tanto que te sorprenderás de lo que Dios va a hacer cuando te dispones a ser un instrumento de bendición en sus manos.

"Parábola de los talentos: El reino de los cielos es como un hombre que, yéndose lejos, llamó a sus siervos y les entregó sus bienes. A uno dio cinco talentos, a otro dos y a otro uno, a cada uno conforme a su capacidad; y luego se fue lejos. El que recibió cinco talentos fue y negoció con ellos, y ganó otros cinco talentos. Asimismo, el que recibió dos, ganó también otros dos. Pero el que recibió uno hizo un hoyo en la tierra y escondió el dinero de su señor. Después de mucho tiempo regresó el señor de aquellos siervos y arregló cuentas con ellos. Se acercó el que había recibido cinco talentos y trajo otros cinco talentos, diciendo: 'Señor, cinco talentos me entregaste; aquí tienes, he ganado otros cinco talentos sobre ellos'. Su señor le dijo: 'Bien, buen siervo y fiel; sobre poco has sido fiel, sobre mucho te pondré. Entra en el gozo de tu señor'. Se acercó también el que había recibido dos talentos y dijo: 'Señor, dos talentos me entregaste; aquí tienes, he ganado otros dos talentos sobre ellos'. Su señor le dijo: 'Bien, buen siervo y fiel; sobre poco has sido fiel, sobre mucho te pondré. Entra en el gozo de tu señor'" (Mateo 25:14-21, RV, 1960).

Esta escritura nos muestra lo que Dios quiere hacer con tu vida, Dios ha puesto sueños en tu corazón, cosas que te apasionan y que cuando tú las hagas van a ser de bendición a otros; no renuncies a tus sueños, estos van a demandar esfuerzo y trabajo de tu parte. Aunque seas la única persona que crea en ese sueño, no renuncies a él si tú sabes que Dios te lo ha mostrado y al final del camino, Dios, que es justo, cuando vea tu fidelidad y esfuerzo, Él mismo se encargará de darte lo mejor.

"Él le dijo: Está bien, buen siervo; por cuanto en lo poco has sido fiel, tendrás autoridad sobre diez ciudades" (S. Lucas 19:17, RV, 1960).

No tengas miedo de hacer las cosas que Dios te ha pedido que hagas, recuerda que Jesús es quien ordena tus pasos; no permitas que el temor te paralice, solo camina, haciendo un poco cada día y recuerda que una milla se recorrerá paso a paso.

Que nuestra oración sea: Señor, permíteme vivir esta vida con mis sentidos abiertos a lo que tú tienes para mí en esta tierra. No te quedes con la parte negativa de esta escritura, me refiero a estos versículos.

"Pero acercándose también el que había recibido un talento, dijo: 'Señor, te conocía que eres hombre duro, que siegas donde no sembraste y recoges donde no esparciste; por lo cual tuve miedo, y fui y escondí tu talento en la tierra; aquí tienes lo que es tuyo'. Respondiendo su señor, le dijo: 'Siervo malo y negligente, sabías que siego donde no sembré y que recojo donde no esparcí. Por tanto, debías haber dado mi dinero a los banqueros y, al venir yo, hubiera recibido lo que es mío con los intereses. Quitadle, pues, el talento y dadlo al que tiene diez talentos, porque al que tiene, le será dado y tendrá más; y al que no tiene, aun lo que tiene le será quitado. Y al siervo inútil echadlo en las tinieblas de afuera; allí será el lloro y el crujir de dientes'".

Que el temor o la pereza no te impidan desarrollar el plan de Dios para tu vida, espero entiendas que tienes un propósito para cumplir, fuiste creado para realizar una asignación específica, mi oración para ti, es que Dios te revele tu lugar de bendición y te fortalezca la fe para que lo desarrolles a plenitud, con la garantía de que si haces tu parte, el Señor siempre será tu guía y tu fortaleza.

"Porque la tierra que bebe la lluvia que muchas veces cae sobre ella, y produce hierba provechosa a aquellos por los cuales es labrada, recibe bendición de Dios" (Hebreos 6:7, RV, 1960).

Hay un propósito con tu vida, tú tienes un destino y una tarea que realizar, tú no eres un accidente, para este momento naciste, hay un plan que lleva tu nombre ¡y se va a cumplir en el nombre de Jesús! Y recuerda que tu destino tiene que rimar con una asignación más importante que simplemente ser bendecido, tu propósito es más grande que esta tierra y trasciende a la eternidad. ¡Dios quiere glorificarse en ti! ¡Pero es indispensable que tú aceptes ser usado por Dios!

Recuerda siempre que somos instrumentos para dar a conocer al Rey de Gloria.

"Oídme, costas, y escuchad, pueblos lejanos. Jehová me llamó desde el vientre, desde las entrañas de mi madre tuvo mi nombre en memoria. Y puso mi boca como espada aguda, me cubrió con la sombra de su mano; y me puso por saeta bruñida, me guardó en su aljaba; y me dijo: Mi siervo eres, oh, Israel, porque en ti me gloriaré. Pero yo dije: Por demás he trabajado, en vano y sin provecho he consumido mis fuerzas; pero mi causa está delante de Jehová, y mi recompensa con mi Dios" (Isaías 49:1-4, RV, 1960).

Te preguntarás por qué si tengo un llamado de parte de Dios desde el vientre de mi madre, tuve que vivir una vida tan difícil, por qué el dolor y los tropiezos.

Podríamos hacerle la pregunta a José de Egipto, su respuesta nos sorprendería. Si no sabes la historia, te invito a leer el libro de Génesis capítulos 37 al 41. José era el hijo consentido de Jacob, aunque tuvo muchas situaciones difíciles, en todas ellas Dios estuvo con él y lo llevó a su lugar de bendición, que al final no solo fue exclusiva para él, sino que alcanzó a toda su familia y a todo el pueblo judío, porque tu bendición alcanzará a los tuyos y a todos las personas que de algún modo se acerquen a ti.

"Y soñó José un sueño, y lo contó a sus hermanos; y ellos llegaron a aborrecerle más todavía.

Y él les dijo: Oíd ahora este sueño que he soñado: He aquí que atábamos manojos en medio del campo, y he aquí que mi manojo se levantaba y estaba derecho, y que vuestros manojos estaban alrededor y se inclinaban al mío. Le respondieron sus hermanos: ¿Reinarás tú sobre nosotros, o señorearás sobre nosotros? Y le aborrecieron aún más a causa de sus sueños y sus palabras" (Génesis 37:5-8, RV, 1960).

José, el hijo de Jacob y su historia representa una gran verdad que está plasmada en el libro de Romanos:

"Y sabemos que a los que aman a Dios, todas las cosas les ayudan a bien, esto es, a los que conforme a su propósito son llamados" (Romanos 8:28, RV, 1960).

Jose fue un hombre que parece que —según la historia— actuó de forma correcta; observe que aunque no era un hombre perfecto, el detalle importante es que tenía un corazón deseoso de agradar en todo tiempo a Dios.

José fue vendido como esclavo por sus hermanos y fue comprado por Potifar, capitán de la guardia del Faraón. Pero aunque era esclavo, convirtió cada experiencia y circunstancia, sin importar cuán difícil o amarga fuera, en algo bueno y dice la historia que Dios estaba con Jose, en todo momento.

Esta habilidad de convertir todo en algo bueno parece ser una característica divina. Nuestro Padre Celestial siempre hace lo mismo. Todo, no importa cuán lamentable es, en las manos de Dios se torna en victoria. José, aunque esclavo y enteramente inmerecedor de ese destino, se conservó fiel al Señor y continuó obedeciendo los mandamientos, y convirtió en algo muy bueno sus circunstancias degradantes. Las personas así no pueden ser vencidas porque no se dan por vencidas. Su sueño se cumplió con un propósito más allá de lo que él pudiera imaginar, no solo reino, sino que fue el instrumento que Dios usó para que su pueblo no pereciera.

No quiero compararme con Jose, de ninguna manera, pero para responder a la pregunta: del porqué cada situación de maltrato, abandono y traición visitaron mi vida, aun a pesar del llamado? Creo que los lugares de profundo dolor han servido para adquirir la fortaleza y el carácter necesario para recibir una bendición, que no solo sea para nuestro propio beneficio, sino que a través de esta misma seamos usados por Dios en el establecimiento de su reino en la tierra.

Ninguna circunstancia adversa puede coartar lo que el Señor ha planeado para ti, lo único que puede detener el propósito en tu vida es la manera en como tú recibes lo que Dios demanda de ti, si eres capaz de aceptar lo de Él en tu vida, tu propósito se cumplirá.

Hay una verdad irrefutable que podemos comprobar con esta historia y es que ningún ser humano o demonio puede sacarte de la voluntad de Dios. Si has decidido estar en sus manos, ¡solo hay una persona que puede hacerlo y esa eres TÚ!

Recuerda que la Biblia dice que hay un libro que Dios mismo escribió sobre tu vida, antes de la fundación del mundo.

"Mi embrión vieron tus ojos, Y en tu libro estaban escritas todas aquellas cosas Que fueron luego formadas, Sin faltar una de ellas" (Salmos 139:16, RV, 1960).

Recuerda que solo Jesús puede sacar de lo malo un maravilloso final.

En el momento en que llegamos a las manos de Dios, todos tenemos excusas, pero ni estas importan, si le dices que sí, Dios cumplirá su propósito en ti.

El plan de Dios se cumple y no por tu fuerza, es por su Santo Espíritu. Esto lo podemos observar en diferentes hombres en la Biblia, por ejemplo, David se veía a sí mismo como un simple pastor de ovejas, pero Dios lo vio como rey; Gedeón se veía pobre y pequeño, pero Dios lo vio como un hombre esforzado y valiente; Moisés se veía tardo en el habla y torpe de lengua, pero Dios lo vio como el libertador de su pueblo, y Jeremías le dijo a Dios, "no sé hablar, porque soy niño", pero Él lo vio como un gran profeta. Estos hombres fueron usados y cumplieron con sus propósitos, ellos ni siquiera se creían capaces de hacer nada; sin embargo, tuvieron un corazón humilde para aceptar la voluntad de Dios para sus vidas y así todos ellos cumplieron con su asignación.

Es Dios, no somos nosotros, usted es lo que es por lo que lleva dentro, no es lo de afuera, puesto que seguimos siendo barro, como dice mi obispo, con un tesoro dentro, lo que determina tu destino es la presencia de Dios y tu capacidad de rendirte a su plan.

Dios no viola tu voluntad, porque lo único que tú puedes regalarle a Dios es tu respuesta.

Cuando tú y Dios se encuentran y se compaginan, el propósito se cumple, lo más importante para que se cumpla tu destino es que le digas: ¡heme aquí, Señor! Que tu reino descienda sobre mi vida, estoy disponible para ti y para los planes que tengas para mí.

Debes también saber que el trabajo de Satanás es coartar tu plan y destino, él es el único interesado en tu derrota, así que deber ser valiente, entendiendo que los recursos y los talentos los da Dios, para cumplir con el establecimiento del Reino y para llevarte a la plenitud de tu vida, que viene a causa de que lo pongas a Él como tu prioridad.

Todo lo que Dios te da, talento, oportunidades son para que cumplas con Su propósito y en la medida en que vas creciendo en su plan, Él irá concediendo los anhelos de tu corazón. Si comprendes esta verdad y la pones por obra, no vas a tener que preocuparte por la obra de Satanás, porque más grande es nuestro Dios y tú vivirás bajo la protección del Todopoderoso creador del universo, recuerda que aun Satanás fue una creación de Dios, por lo tanto, no es más poderoso que Él.

Existe un problema en el mundo y aun en la iglesia, ese mismo mal lo tenía Esther; si no conoces su historia, te invito a que la leas. Ella, en vez de preocuparse por cumplir su destino en Dios, se preocupaba más por las cosas terrenales, es decir, por lo que perece y se deteriora aquí en la tierra, que por su destino en Dios, ¿cuál fue la cura para esto?

Una sola palabra de su tío Mardoqueo, que representaba la palabra de Dios para ella en su tiempo, en breves palabras, él le dijo: "deja de pensar en tonterías y cumple con tu propósito para este tiempo y acepta tu destino en Dios", es cierto que a nadie le gusta que lo incomoden, pero una palabra a tiempo que redarguya nuestro corazón puede hacer la diferencia en tu vida y en la vida de los tuyos.

Necesitamos Mardoqueos que nos hablen del propósito para que todo en nuestra vida sirva para establecer el Reino de Dios en esta tierra, agradezco a Dios por el obispo, un hombre ungido, probado como pocos, a quien Dios ha usado como ejemplo y para traer palabra de instrucción a mi vida, el Pastor de la congregación que me alcanzó y me ha establecido en ese propósito de bendición.

Mardoqueo le puso una demanda a Esther para que se dejara usar en su plenitud para los propósitos de Dios. "Sacrifica todo lo que tienes, tu dinero, tu posición, tu vida, una demanda es exigida para que cumplas con el propósito de Dios".

"Porque todo el que quiera salvar su vida, la perderá; y todo el que pierda su vida por causa de mí, la hallará" (Mateo 16:25, RV, 1960).

Solo estarás completo cuando estés en el medio de la voluntad y del propósito de Dios para tu vida. Solo en ese **dulce lugar** hallarás mucho más de lo que has soñado y anhelado.

"Porque yo sé los pensamientos que tengo acerca de vosotros, dice Jehová, pensamientos de paz, y no de mal, para daros el fin que esperáis" (Jeremías 29:11, RV, 1960).

Solo Dios te puede dar todo lo que anhelas y necesitas para existir, solo Él cumplirá con cada promesa que ha hablado sobre ti, nada ni nadie en esta tierra puede llevarte a cumplir con el propósito real y único para tu vida, Dios es tu creador y sabe para qué te creó, por lo tanto, el conoce tu lugar de bendición.

Quiero aclarar que debes conocer realmente la palabra, y es bueno que busquemos ayuda en una iglesia local de sana doctrina donde te prediquen y enseñen la palabra de Dios no adulterada. Ora y busca el lugar, si se lo pides a Dios, Él te dirigirá al lugar correcto, es un regalo del cielo, para los que piensan que nadie o nada puede enseñarte a vivir una vida victoriosa y llena de milagros, puedo decirles con toda seguridad que hay un manual perfecto para ese propósito y se llama BIBLIA.

Mi oración al Padre Eterno es que puedas conectarte con el plan perfecto que Él diseñó para ti antes de la creación del mundo . Que nada se interponga entre ti y el propósito de Dios de tal manera que puedas vivir y ser receptor de lluvias de bendición que vienen para ti y los tuyos a causa de tu obediencia. Oro también para que puedas ser usado de una manera poderosa y efectiva en el establecimiento del Reino de los cielos en esta tierra, en el sin igual nombre de Jesús de Nazaret, ¡amén y amén!

"Dijo además David a Salomón su hijo: Anímate y esfuérzate, y manos a la obra; no temas, ni desmayes, porque Jehová Dios, mi Dios, estará contigo; él no te dejará ni te desamparará, hasta que acabes toda la obra para el servicio de la casa de Jehová" (1 Crónicas 28:20, RV, 1960).

Provisión sobrenatural, prosperidad y exaltación

CAPÍTULO 6

> "Y levantaré para ellos una planta de renombre, y no serán ya más consumidos de hambre en la tierra, ni ya más serán avergonzados por las naciones" (Ezequiel 34:29, RV, 1960).

En las manos de nuestro Dios, podemos caminar con la certeza de su provisión, la Biblia dice **"Joven fui, y he envejecido, Y no he visto justo desamparado, Ni su descendencia que mendigue pan"** (Salmos 37:25, RV, 1960).

Junto a las bendiciones que recibimos cuando entramos a participar del Reino, contamos con la provisión sobrenatural de Dios en todo tiempo. Al contrario de lo que mucha gente dice, Dios está en el negocio de prosperar su gente, lo podemos ver claramente en la Biblia con los patriarcas. El dueño de la tierra y su plenitud los bendijo y los multiplico.

A Abraham: **"era Abram de edad de noventa y nueve años, cuando le apareció Jehová y le dijo: Yo soy el Dios Todopoderoso; anda delante de mí y sé perfecto. Y pondré mi pacto entre mí y ti, y te multiplicaré en gran manera. Entonces Abram se postró sobre su rostro, y Dios habló** con él, diciendo: He aquí mi pacto es contigo, y serás padre de muchedumbre de gentes. Y no se llamará más tu nombre Abram, sino que será tu nombre Abraham, porque te he puesto por padre de muchedumbre de gentes. Y te multiplicaré en gran manera, y haré naciones de ti, y reyes saldrán de ti. Y estableceré mi pacto entre mí y ti, y tu descendencia después de ti en sus generaciones, por pacto perpetuo, para ser tu Dios, y el de tu descendencia después de ti. Y te daré a ti, y a tu descendencia después de ti, la tierra en que moras, toda la tierra de Canaán en heredad perpetua; y seré el Dios de ellos" (Génesis 17:1-8, RV, 1960).

A Isaac: "y sembró Isaac en aquella tierra, y cosechó aquel año ciento por uno; y le bendijo Jehová. El varón se enriqueció, y fue prosperado, y se engrandeció hasta hacerse muy poderoso. Y tuvo hato de ovejas, y hato de vacas, y mucha labranza; y los filisteos le tuvieron envidia" (Génesis 26:12-14, RV, 1960).

A Jacob (Israel): "apareció otra vez Dios a Jacob, cuando había vuelto de Padan-aram, y le bendijo. Y le dijo Dios: Tu nombre es Jacob; no se llamará más tu nombre Jacob, sino Israel será tu nombre; y llamó su nombre Israel. También le dijo Dios: Yo soy el Dios omnipotente: crece y multiplícate; una nación y conjunto de naciones procederán de ti, y reyes saldrán de tus lomos. La tierra que he dado a Abraham y a Isaac, la daré a ti, y a tu descendencia después de ti daré la tierra" (Génesis 35:9-12, RV, 1960).

Así como a los patriarcas, Dios los bendijo y recibieron lo prometido. ¡Tú y yo tenemos innumerables promesas de bendición, que se cumplirán en el nombre de Jesús!

A nosotros: **"amado, yo deseo que tú seas prosperado en todas las cosas, y que tengas salud, así como prospera tu alma" (3 Juan 1:2, RV, 1960).**

Caminamos por fe, eso significa que aunque no vemos la provisión, creemos que la recibiremos, aquí se cree para recibir, no se recibe para creer, y esto lo podemos hacer porque tenemos un Dios fiel a su palabra que cumple con cada una de sus promesas.

"Te abrirá Jehová su buen tesoro, el cielo, para enviar la lluvia a tu tierra en su tiempo, y para bendecir toda obra de tus manos. Y prestarás a muchas naciones, y tú no pedirás prestado" (Deuteronomio 28:12, RV, 1960).

Son tantos los milagros de provisión que el Señor ha hecho en mi vida, que solo voy a relatarte algunos, y le pido a Dios que ellos levanten tu fe, no se tu circunstancia actual, pero si decides creerle a Dios en esta vida, aun en el área financiera verás su gloria derramarse con poder.

"Por tanto os digo: No os afanéis por vuestra vida, qué habéis de comer o qué habéis de beber; ni por vuestro cuerpo, que habéis de vestir. ¿No es la vida más que el alimento, y el cuerpo más que el vestido? Mirad las aves del cielo, que no siembran, ni siegan, ni recogen en graneros; y vuestro Padre celestial las alimenta. ¿No valéis vosotros mucho más que ellas? ¿Y quién de vosotros podrá, por mucho que se afane, añadir a su estatura un codo? Y por el vestido, ¿por qué os afanáis? Considerad los lirios del campo, cómo crecen: no trabajan ni hilan; pero os digo, que ni aun Salomón con toda su gloria se vistió así como uno de ellos. Y si la hierba del campo que hoy es, y mañana se echa en el horno, Dios la viste así, ¿no hará mucho más a vosotros, hombres de poca fe? No os afanéis, pues, diciendo: ¿Qué comeremos, o qué beberemos, o qué vestiremos? Porque los gentiles buscan todas estas cosas; pero vuestro Padre celestial sabe que tenéis necesidad de todas estas cosas. Mas buscad primeramente el reino de Dios y su justicia, y todas estas cosas os serán añadidas. Así que, no os afanéis por el día de mañana, porque el día de mañana traerá su afán. Basta a cada día su propio mal" (S. Mateo 6:25-34, RV, 1960).

Como lo muestra la escritura, el Señor mismo nos afirma cuánto valemos para Él. Nuestra provisión viene de sus manos, la parte que nos corresponde a nosotros es obedecer y buscar primeramente del Reino de Dios, ya que de Dios viene la bendición. Si observas la escritura con atención, el Señor le llama añadiduras a todo aquello que la gente en el mundo busca desesperadamente, pero Dios nos pide buscarlo a él, con la promesa adjunta de recibir las añadiduras. Podemos decir que con la misma desesperación que el mundo busca las cosas y hace lo que sea por obtenerlas, así nosotros los que entendemos este principio espiritual, debemos poner todo nuestro esfuerzo, buscar de Él y estar su presencia.

Comenzaré contándoles que llegue a EE. UU. en 1999, como todo inmigrante, con una maleta cargada de sueños, sin dinero ni el idioma y sin estatus migratorio, como una simple turista con anhelos de vivir legal en este país, conociendo la religión católica, que por tradición familiar había recibido desde niña, pero sin una relación personal con Jesús. En mi ignorancia espiritual, exploré muchos caminos para obtener la legalidad, incluyendo todos aquellos que se te presentan con una aparente facilidad, pero cargados de mentiras. Por supuesto, estos caminos no me funcionaron y pase ocho años de mi vida sin poder salir del país y con la dolorosa realidad de la separación de mi hija Carolina junto con mis padres y hermanos, mi núcleo familiar más íntimo, lejos de mí.

Una etapa de mi vida muy difícil que fue aliviada ocasionalmente por la visita de mis padres y hermanos cuando venían a visitarme. Recuerdo disfrutar profundamente esos días que al terminar dejaban un gran vacío y el dolor de las despedidas era cada vez más grande.

A pesar de las muchas dificultades, siempre tuve personas que me apoyaron y me amaron en todo momento. Quiero mencionar a mi amada tía Ofelia y a su familia, que siempre fueron de bendición para mí; le agradezco a Dios por su vida, sé que Dios la usó para que yo permaneciera en este país. Mientras tanto, Jesucristo mismo preparaba nuestro encuentro. Las sagradas escrituras me han dejado claro que no fui yo quien encontró a Dios, por el contrario, fue a Él quien con su infinita misericordia y amor me eligió a mí.

"Bienaventurada la nación cuyo Dios es Jehová, El pueblo que él escogió como heredad para sí" (Salmos 33:12, RV, 1960).

Jesucristo en su gracia eterna fijó sus ojos en mí, me salvó y cambió mi destino, me añadió a su pueblo para hacerme parte del equipo que trabaja para establecer su reino en esta tierra, ¡qué privilegio! Me hizo su embajadora y me envió a predicar las buenas nuevas de salvación, me dio un propósito. De manera milagrosa recibí mi residencia y el área de las finanzas en mi vida empezó a crecer y a mejorar día tras día, fue una sola decisión, la que cambió por completo el rumbo de mi existir. Decidí abandonarme en sus amorosos brazos y hoy soy una mujer bendecida y llena de proyectos. Con nuestro Señor no hay límites y mientras vivas siempre habrá espacio para crecer en alegría, paz y bendición.

Este es uno más de sus regalos de amor, estoy convencida de que mientras esté en mi asignación, no me faltarán los recursos para cumplir con el llamado.

"Si bien no se dejó a sí mismo sin testimonio, haciendo bien, dándonos lluvias del cielo y tiempos fructíferos, llenando de sustento y de alegría nuestros corazones" (Hechos 14:17, RV, 1960).

Mi vida es un testimonio de su provisión sobrenatural. Recuerdo que a unas pocas semanas de mi salvación y sanidad, el Señor me pidió salir del lugar donde vivía, fue en mi primera Redoma, que es la conferencia internacional de mujeres que realiza mi congregación cada año, mi pastor, el obispo Ruddy, predicó con la escritura de Devora y dijo: "sal de la palma, deja tu lugar de confort", eso llegó directo a mi corazón. En primera instancia pensé que lograrlo sería imposible para mí, ya que no tenía un trabajo estable a causa del tiempo de enfermedad por el que había cruzado; sin embargo, gracias al fuego de Dios en mí, le creí a nuestro Señor Jesús y decidí salir de ese lugar que no era de bendición.

Esto sucedió en mayo, así que a finales de ese mes, mi hijo terminaba el año escolar y tenía su descanso de verano. Tomé un carro en renta y lo llevé a Atlanta donde sus tías de vacaciones y allí lo dejé.

Al regresar a Florida, sin tener a dónde ir, le pedí a una amiga que me prestara un poco de espacio en su garaje para dejar algunas de mis cosas, y así comencé a experimentar los beneficios de caminar en fe; ese mismo día recibí una llamada, era Cristina, una de las líderes de mi iglesia preguntándome qué había decidido y si finalmente me había salido de la casa donde vivía, a lo que contesté que sí, pero aún no tenía dónde ir. Al escucharme, me invitó a pasar esa noche en su casa para que hiciéramos una vigilia de oración en la que le pediríamos a Dios por el lugar que tenía para mí.

Pasamos la noche orando. A eso de las 4 a.m. nos quedamos dormidas, unas horas después nos despierta una llamada; eran las 8 a.m. Mi compañera de éxodo se había ido con sus hijos de vacaciones a Colombia y le dijo a mi líder que me entregara las llaves de su casa para que me fuera a vivir allá por esos tres meses mientras encontraba trabajo y me organizaba, sin ningún costo para mí, favor que muy emocionada agradecí siempre sabiendo que esa había sido la respuesta a nuestra oración.

Eso fue un milagro de provisión, yo tenía muy poco tiempo de conocer a Miryam, la dueña de aquel hermoso lugar, una mujer llena de Dios que solo le interesaba servir al prójimo y Dios me dio la gracia delante de sus ojos de tal manera que ella me entregó su casa, inicialmente por tres meses, en los cuales trabajé duro y logré ubicarme laboralmente de tal manera que empecé a buscar un apartamento para mudarme una vez recogiera a mi hijo en Atlanta. Una semana antes de mi salida, me llama Miryam para avisarme que se quedaba en Colombia, el padre de los niños que estaba allá decidió matricularlos en el colegio y dejar a toda su familia en Medellín, así que ella me llamó a pedirme que me quedara cuidando y continuara viviendo en su casa por ese año... que al final se convirtieron en dos años y medio de provisión sobrenatural, lo cual me permitió ahorrar y tener para irme a una villa en Weston.

Miryam finalmente vendió su casa y al hacerlo toma la amable decisión, sin que yo se lo pidiera, de regalarme todo lo necesario para que yo pudiera amueblar la villa, junto con todo el menaje necesario para pasarme sin que faltara nada para mi nuevo lugar.

Se estaba cumpliendo todo el tiempo la palabra de Dios, yo estaba totalmente entregada a buscar de Dios y al servicio en su reino, así comencé a experimentar el caminar de milagro en milagro, muchas han sido las ocasiones en que recibo de manera milagrosa las cosas que necesito o anhelo, detalles tan especiales como anhelar una comida de mi tierra colombiana y recibir la llamada de una amiga invitándome a almorzar a su casa y encontrar en la mesa justamente lo que yo estaba deseando ese día, detalles que pueden parecer poco a los ojos de la gente, pero para mí son el amor y el cuidado de mi señor Jesús.

Recuerdo una mañana salir a las 5:00 a.m. para la oración a la iglesia donde también tenía una reunión con mis líderes, ya que estamos preparando una representación para un evento evangelístico dirigido a las mujeres que estábamos preparando para el retiro espiritual de nuestra iglesia, llamado éxodo. En esta obra yo representaba una oruga que se iba transformando poco a poco en mariposa, queriendo mostrarles la obra que Dios estaba a punto de hacer en sus vidas.

Fue algo hermoso, la presencia de Dios se podía percibir de una manera hermosa. Estando ahí, llegó a mi mente un pensamiento sobre las llantas de mi carro que debía cambiar con urgencia, ya que se habían desgastado hasta al punto de poner mi vida en riesgo; en ese momento no contaba con los recursos para cambiarlas, así que le respondí a ese pensamiento que quiso sacarme de lo que estaba haciendo para Dios: "No te preocupes, Susana, Dios está en control de todo". Suena raro, pero he aprendido a hablarle a mi propia alma y a infundirme fe en tiempos de necesidad. Continué con lo que hacía y al terminar regresé a casa a prepararme para la rutina de un día de trabajo.

Para ese entonces trabajaba con una compañía que vendía aceite y lubricantes para motor, por lo cual muchos de mis clientes eran talleres de mecánica automotriz; al llegar a mi segundo cliente del día, le pregunté al dueño del negocio si de casualidad tenía llantas usadas para la venta, su respuesta fue: "dame las llaves de tu auto", y llamando a uno de sus empleados, a quien le dijo: "Jorge, por favor, coloca cuatro llantas nuevas, sincroniza y alinea este carro". A lo que yo inmediatamente replique: "¡No, señor Roberto! Ahora no puedo hacer ese arreglo, no tengo el dinero para pagarlo", y con una sonrisa me dijo: "Hay algo que tú no sabes, Susana, yo soy un hijo de Dios y el Señor me acaba de hablar para bendecir tu vida, no necesito que digas nada, porque la bendición que Él me va a dar es mucho más grande que la que yo te doy hoy a ti". Ese fue un gran milagro de provisión.

Como te puedes imaginar, querido lector, me subí al carro agradeciendo a Dios por ese milagro, ya que recibí de su mano, el mismo día, lo que estaba necesitando.

Tengo, desde muchos años, una gran amiga, Emilsita, una hermosa mujer de Dios a quien amo profundamente y que mi Señor Jesús me permitió compartirle el evangelio, así que no solo ella, sino toda su familia, vinieron a los pies de Cristo. Un día ella me llama diciéndome: "Acabo de llegar de viaje y te traje un regalito, pasa por mi casa", esa misma semana mi hijo me había pedido una computadora que necesitaba para sus estudios. Cuando llegó a casa de mi amiguita y destapó el regalo, era la computadora que mi hijo necesitaba. Las personas en el mundo podrán pensar que esto fue una afortunada coincidencia, pero estoy completamente persuadida que cuando caminamos con el Señor Jesús en esta vida, no existen coincidencias, ¡solo Diosidencias! (no es una palabra del diccionario, pero es verdad).

"No seáis iguales a ellos, pues vuestro Padre sabe de qué tenéis necesidad aun antes que le pidáis nada" (Mateo 6:8, RV, 1960).

Cuando entendí que mi vida, mis necesidades y anhelos están claros delante de los ojos de mi Señor Jesucristo, pude descansar y hablarle a mi alma recordándole en cada momento de escasez que mi Señor Jesús siempre tiene el control.

"Hubiera yo desmayado, si no creyese que veré la bondad de Jehová En la tierra de los vivientes" (Salmos 27:13, RV, 1960).

La fe en las promesas de Dios nos permite esperar en completa paz, sabiendo que es fiel el que nos prometió.

"Yo daré vuestra lluvia en su tiempo, y la tierra rendirá sus productos, y el árbol del campo dará su fruto" (Levítico 26:4, RV, 1960).

El Creador del universo, el Todopoderoso, Rey de reyes, ha tenido, durante estos veinte años de vida cristiana, mi vida y mis necesidades en sus manos; Dios ha sido fiel. Cada año con mi Jesús ha representado crecimiento en todas las áreas de mi vida, incluyendo mis finanzas. La Biblia es clara y nos enseña que el que es fiel en lo poco, en lo mucho será puesto. Cuando aprendemos a honrar a Dios con todo lo que nos da en su infinita gracia, siendo fieles con nuestros diezmos y ofrendas, Él se encargará de llevar nuestra vida de victoria en victoria.

Honra a Dios y verás cómo Él, que todo lo tiene y todo lo puede, suplirá cada una de tus necesidades y aun te añadirá más para que seas de bendición a muchos.

No quiero que pienses que solo se trata de bendición material, la prosperidad no tiene que ver con cuánto dinero tienes en el banco, o cuántas cosas tú poseas. Prosperidad es realmente saber con quién cuentas, quién es tu ayudador, tu protector, tu sanador, el que te bendice a cada paso del camino. Prosperidad tiene que ver con la capacidad de disfrutar de todo lo que Dios te regala y de la paz sobrenatural que reina en tu corazón, sin importar la circunstancia que estés cruzando.

Recuerda que toda buena dádiva viene de Dios, todo aquello que te da alegría y te hace sonreír fue un regalo de su mano. Si esto se tratase solo de dinero, no veríamos a un millonario suicidarse por desesperación o a un personaje famoso morir por una sobredosis.

Jesús es quien te hace llegar a lugares de exaltación divina, la real grandeza y exaltación viene de Dios y no del hombre.

Para Dios, un hombre grande no tiene nada que ver con el concepto de grandeza que el mundo da. Ya sabemos que los valores del mundo hoy están en contra de la palabra de Dios, y los medios de comunicación todo el tiempo están enviando mensajes totalmente errados sobre este tema.

Hoy, el éxito se mide en millones y posiciones, pero la verdadera grandeza no tiene que ver con lo externo, tiene que ver con las intenciones del corazón, con la actitud frente a la vida y a las personas; no quiere decir que tengamos que ser perfectos, pero sí que busquemos todos los días tener un corazón puro con el deseo de vivir una vida que le traiga gloria a nuestro creador.

Jesús desafió la filosofía de grandeza y éxito del mundo cuando dijo:

"Porque lo insensato de Dios es más sabio que los hombres, y lo débil de Dios es más fuerte que los hombres. Pues mirad, hermanos, vuestra vocación, que no sois muchos sabios según la carne, ni muchos poderosos, ni muchos nobles; sino que lo necio del mundo escogió Dios, para avergonzar a los sabios; y lo débil del mundo escogió Dios, para avergonzar a lo fuerte; y lo vil del mundo y lo menospreciado escogió Dios, y lo que no es, para deshacer lo que es, a fin de que nadie se jacte en su presencia" (1 Corintios 1:25-29, RV, 1960).

Dios quiso mostrarnos que la grandeza no tiene que ver con lo externo, porque lo que cuenta es la firmeza de carácter, la fe y la decisión de caminar en integridad, eso quiere decir que lo que piensas, hablas y haces deben ir por la misma línea, con una convicción firme.

Aunque el mundo no te define como exitoso, asegúrate de que Dios se complazca contigo. Busca la alabanza de Dios y no la de los hombres. Como hijos de Dios debemos caminar en sus conceptos; lo esencial va a permanecer por la eternidad, todo lo demás se queda aquí y se convertirá en ruinas. La grandeza que viene de Dios es eterna y maravillosa.

"La bendición de Jehová es la que enriquece, Y no añade tristeza con ella" (Proverbios 10:22, RV, 1960).

Si quieres ser verdaderamente pleno y feliz, alinéate a la definición de grandeza de Dios, sé humilde delante de Dios y acepta que su palabra es el mejor consejo para tu vida.

"Porque cualquiera que se enaltece, será humillado; y el que se humilla, será enaltecido" (Lucas 14:11, RV, 1960).

Dios ama los corazones humildes y repele al arrogante, recuerda que las personas inseguras quieren sentir que son importantes. El orgulloso generalmente lo es porque así disfraza su inseguridad y sus complejos.

Asegúrate de encontrar tu valor en el lugar correcto, tú eres valioso para Dios, Él te creó para grandes cosas, solo mantén una actitud de humildad delante de tu Dios.

"Mas la senda de los justos es como la luz de la aurora, Que va en aumento hasta que el día es perfecto" (Proverbios 4:18, RV, 1960).

¡Dios es quien te llevará al lugar de gran bendición!

Mi oración para ti es que recuerdes que la palabra de Dios es verdadera y es el manual de vida. Amado Dios, te pido que fortalezca la fe de todo aquel que lea este libro para que camine dándote gracias por tu amor y cuidado, te pido que aprenda a honrarte a ti, primero sabiendo que Tú eres fiel a tus promesas y nunca estará falto de ningún bien, hoy pongo en tus manos su vida sabiendo que Tú puedes y quieres suplir todas sus necesidades, y darle mucho más de lo que pide o anhela, confío en tu paternidad y te pido que lo fortalezcas en fe para que no se enfoquen en las circunstancias que rodean sus vidas, sino que crea en ti sin vacilar. Creo que así como las aves del campo son suplidas en todo tiempo, tu provisión para mi querido lector está segura en Cristo. Te ruego, Señor, que lo lleves a depender totalmente de

ti, con un corazón limpio y humilde, sabiendo que Tú eres fiel, verdadero y bueno. En el nombre de Jesús, ¡amén!

> "Mi Dios, pues, suplirá todo lo que os falta conforme a sus riquezas en gloria en Cristo Jesús" (Filipenses 4:19, RV, 1960).